王様はハダカだ！
同調圧力
負けそうになったら読む本

高橋フィデル

はじめに

同調圧力が日本の成長を阻害しているのではないかと言われている。

高度成長時代には、日本人の企業戦士を作るのが上手な気質。同調圧力の気質が良い時代もあった。だから決して同調圧力は悪ではなかった。それが、いつの間にか諸外国の後塵を期しているのは、この兵隊気質で将を作るのが苦手な国民性のせいでもある。そもそも良い将は良い兵隊ではない。個性があり、独自の考えをもってこその将である。現在の日本は今や、終わりの無い泥沼に入りつつある。ひとつには止めようの無い少子高齢化の流れがさらに、同調圧力を加速させている。

年配の人ほど過去の慣習や流れを重視する事を嫌がる傾向にある。平均年齢がフィリピンの倍以上の48才となった日本では未だに新たな取り組みを嫌がる傾向が強い。ＦＡＸが今でもビジネスで使われていたり、ハンコがビジネスの最終決定に使用されていたりするのが何よりも世界から取り残されている。

そんなことは無い、日本もどんどん進化していると言う反論があるだろうが、それは違う。まがりなりにも日本が5Gやスマートフォン化、マイナンバーの導入などの新たな取り組みはすべて外圧によって成り立っているという不思議な事情がある。

　今の日本は『裸の王様』状態である。

　裸の王様の話を皆さんも知っていると思うが、話をおさらいする。それはアンデルセン童話の中の話で王様が仕立て屋さんに騙される話である。仕立て屋さんは、この生地は馬鹿の目には見えないと吹聴する。そして王様本人も馬鹿だと思われたくないので生地が見えない事を言わない。民も王様が街を通って衣装が見えない事を馬鹿だと思われたくないので言わない。実際には何も無いのに、民衆は素敵な衣装ですねと口々に叫ぶ。最後には子供が、王様は裸だと言って皆が衣装が無い状態は本当だったのかと気がつくのであるが、まさにこの全員が衣装が無い事を言わない状態。同調圧力にかかりやすい国民性は日本の状況であり、これこそが自由に発言をできない社会。決定権を遅らせる社会になっている元凶である。

　もしあなたの心の中に、あれっ、全員が同じ方向に向かっていて他の事はやりにくい雰囲気があると感じるのであれば、本を読んだあとに言ってみよう「王様は裸だおかしいの」と。

そして自分独自の考えを言えたことを習慣にしていこう。

同調圧力関連の書物がたくさん出ているが、同調圧力の原因とかホルモンの説明などの解説本、同調圧力をかわす方法はこころを強くする、家庭環境を変えるなど、すぐにはできない事ばかりが書かれているものが多い。

この一斉に同調圧力が悪であるという記載もひとつの同調圧力であるという皮肉な部分も本来は指摘しても良いのではないか。

本来、男性と女性ですら色の見え方が違うというのはご存知だろうか。ニューヨーク市立大学ブルックリン校の心理学教授、イズリエル・エイブラモフ（Israel Abramov）氏の研究で。「可視スペクトルのほぼ全域にわたって、同じ色相を知覚するのに男性は女性よりやや長い波長を必要とする」つまり果物のオレンジは、男性には女性より少し赤く見えている可能性がある。同様に、緑の草は、ほぼ常に女性のほうがより緑色に見え、男性には少し黄色がかって見えている。青、緑、黄色の識別において、男性は女性に劣るというのがわかった。同じ物を見ても男女で見え方が違うのである。男女ですらこのように一律でない。つまり全員を同じ枠にはめるという同調圧力行為が無駄で不自然な行為かというのがわかる。

このように個体差による感じ方の違いは要素として本来は入れるべきであり一律に人はと語りきれない部分を知っておいてもらいたい。

文化的に物事を明確に結論付けない民族性が、さらに同調圧力を助長している。我が民族は明確な結論を過去よりよしとしてきた。「良きに計らえ」と皇帝に言われてそれはＹＥＳかＮＯかを判断するのが難しい。民間においても「大丈夫です」の答え方はＹＥＳか断りのＮＯかも判断しにくい。場の雰囲気を読み取り、どちらなんだろうと判断する。つまり、場の雰囲気というのが最終判断の基準であり、場の雰囲気は同調圧力によって決まる。

よって同調圧力を知る事は我々が日本民族という自分自身を知ることのも匹敵するのである。

本書では同調圧力の解説本ではなく、多くの提言を入れながらその提言を採用するかどうかも同調させるのでなく自分で考えられる人材に育ってもらえるように構成してみた。

多様化社会へと変化していき次なる時代のリーダーとなってもらいたい。

高橋フィデル

CONTENTS

CONTENTS

CONTENTS

第1章

同調圧力とは？

そもそも同調圧力ってなに？

同調圧力というのは、「弱者が集結して強者に対抗する最大の手段として成立した」。と考えるのが自然である。歴史的に強者は強引である。強者は支配者となり方針を変えていく。弱者は束になって無言の圧力をかけ返す。そしてバランスがとられるのである。歴代の皇帝が「民はこのように望んでいる」というのがそれにあたる。

強者の意見が必ずしも正しいとは限らず、弱者の意見が正しい場合も少なくはない。現代の世界は封建時代と違い、民主主義の時代となってますます世の秩序を守るために、同調圧力という多数派ならではの実力行使が秩序維持の中心となっている。

秩序を守るための決められたルールの中には、相対的に自分達で決める秩序と、不文律のような絶対的な秩序が存在する。参議院議員選挙でAさんにするかBさんにするかを決めるのは選択肢があるので相対的な秩序の一つである。一方、赤信号は渡っては駄目というのが絶対的な秩序と考える。

同調圧力を語るにはこの２つを一緒に語ることで同調圧力反対派が絶対的秩序も守らないアウトロー的に思われて、同調圧力を守る方が正義派のようにとられやすいが、それは猫も杓子も一緒にしているような論理展開である。

同調圧力がおかしな方向に動くのは選択的秩序を守る場合におきる。本来様々な要素が加わるので選択肢は幅広く持つのが良いはずである。赤信号を守れ、は絶対的秩序であり、コロナワクチンを打つか打たないかは選択的秩序である。だから他の様々な選択肢が残りワクチンを打たずにイベント会場に行くのを止める。という選択肢も本人が選んでしかりである。

今度は絶対的選択肢が本当に絶対的かというＴＰＯ（時、場所、機会）を考えていく事も必要である。赤信号を渡ってはいけないという絶対的秩序は絶対的である故、物事を正しい方向に導く。ただ、絶対的秩序のように見えて考えてみると車も通っていない道路で左右を見て赤信号でも渡るのは選択的に許されるべきである。この部分において同調圧力は強くかかりやすいが、ＴＰＯによって選択肢は残されるべきは無いだろうか。全員が秩序を覚えたての子どもであれば赤信号は車が通っていなくても守るべきであるだろうが、大人という成熟者になっている場合には世の中の効率という別のルールと比較して絶対的秩序の中の選択もありだと思う。

同調圧力は面と向かって進言する場合は少ない、多くの場合は全体的な雰囲気を作り怒張していない人に対して真綿で首をしめるような全体的な小さな行動が多い。

それは批判の目、もしくは不快な顔、人によっては舌打ちなど様々な形で異端者に対して言葉で言う以外の弱者としての簡単にできるちょっとした手段に出る。

このような絶対的選択肢、選択的選択肢の中でおきる価値観同一化行動が同調圧力である。そしてそれは強者よりも弱者が行うことが多いのは自己責任の元で批判しているのでなく不快感を表すという自己責任から逃れた手段を取るからである。

人類だけの行動ではなく、シンプルではあるが野生の世界にも少なからず同調圧力の原始的な姿が存在する。

空を飛ぶ雁に例えるとわかりやすい。雁はＶ字で空を編隊飛行している。先頭には群れの中で最も力があるリーダーが風を受けて切り進み、後ろはその前の雁を風よけとして使う。後ろの雁はスリップストリームに引っ張られ楽に飛べる。編隊を組むことでかなり楽ができる。そこには編隊を崩す仲間がいれば、先頭と同じ向かい風をもろに受けるので飛びにくくなる。そしてそのような編隊を崩す仲間は同調圧力から他の雁から編隊に組入てもらえなくなる。その結果はぐれ鳥となり、雌の鳥からも相手されなくなる。

排除された雁の選ぶ道は3つである。はぐれ鳥として雌もいない寂しい生活をするか、自分でリーダーとなり群れを作るか、または同調圧力に従って群れのルールに従いもどるかである。**野生の世界だから強いものが勝つだけではく、弱い存在ですら群れて同調圧力という力を駆使して自分より強い個体を排除することもあり得るのである。**

同調圧力は群れが選択肢を定めるという行為でおきるので、考えたり選択したりという大変な作業をしなくてすむのでこの同調圧力に従っている方が楽だという側面から広く拡大しやすい。誰かと意見をぶつけたり、ハレーションが起きたりする危険が少ない。意見を言わなくてすむし事なかれですごせる。さらには目立たずに埋もれることが簡単にできる。

よって同調圧力が最も求められ効率化する典型例は軍隊における兵隊である。強い軍隊には同調圧力の強い兵隊が存在する。ただ、判断するという機能を排除するから将はこのやり方では育たない。

このことをわかりやすく説明するために、学校で考えてみよう。学校という所は個々人が切磋琢磨する場所であるからどうしても、実力差が出やすい。頭のいい人、スポーツのできる人、喧嘩の強い人など何かしらの頭角を表してくる人が出てくる。そしてリーダーとなり皆を引っ張るようになったり、はぐれて不良になったりする。同調圧力を求める気持ちの強い、判断を誰かに委ねたい人物はリーダーや不良などの目立つ存在による学園生活を求めていない。満遍なく、ほどよく、距離感を保ち、強いリーダーや不良のいない、自主的なルールの従ったおだやかな学園生活を送りたいのである。体育大会の時に応援団長をかって出たりしたくないのである。そしてそのような層が多数派であり同調圧力を好む層が世の中核層となって出てくる。

当然、同調圧力を好む世代が世の中心となると、そのような国は硬直化しやすい。

それは、**同調圧力は変化を求めるのを嫌がるという側面があるからである。**織田信長のような人物の生き方が最も苦手で、同じ戦国時代であれば、ムラ意識の高い農村の村人的な生き方が理想的な生き方として好まれる。かつて戦国の世に山中鹿介という武士が「願わくは我に七難八苦を与えたまえ」と三日月に祈った。と言う武士的な生き様とは真反対であることは言うまでもない。

民主主義の世の中になり武士の時代は終わり、日本国憲法14条で「すべての国民は法の下に平等である」という世になった。かつての戦国時代のような弱肉強食の世と比較して弱者が守られていており、その弱者が最大にこの世を守る力が同調圧力であると判断すれば、同調圧力をする行為そのものが正しいか正しくないかは別としてわかりやすいと思う。

同調圧力は自己増殖機能が高い。誰もが都度判断して生きるよりは誰かの判断に乗っかかる方が楽なのである。楽をしている時に別の判断があるとそれは排除する方が新たな調整をするよりエネルギーを節約できて穏やかにすごせるのである。

広がり易いのと同時に群れの中にいることで安心感が芽生える。

このように民主主義の世の中である限り同調圧力を好む層が増えることを止めることはできない。今後も増えることは有っても減ることは無いだろう。

ただし、**大事なのは同調圧力とは何かを知り絶対的秩序と選択的秩序が存在することも理解し、その上で今自分がどのような同調圧力の中に存在していて、自分がその同調圧力に対して流される事も自分の判断でして、逆に別の選択肢を選ぶ確固たる自分の形成を目指す次なる進化した人類たることを目指すのが大事である。**

これからは、同調圧力を採用したり、不採用にしたりするハイブリッドな生き方が求められる。

ある意味、同調圧力はコロナのような流行り病にも似ている。それを避けるのではなく甘んじて受け入れ、対処できる社会を作る必要がある。

同調圧力とはあなた自身そのものでもあるのだから。

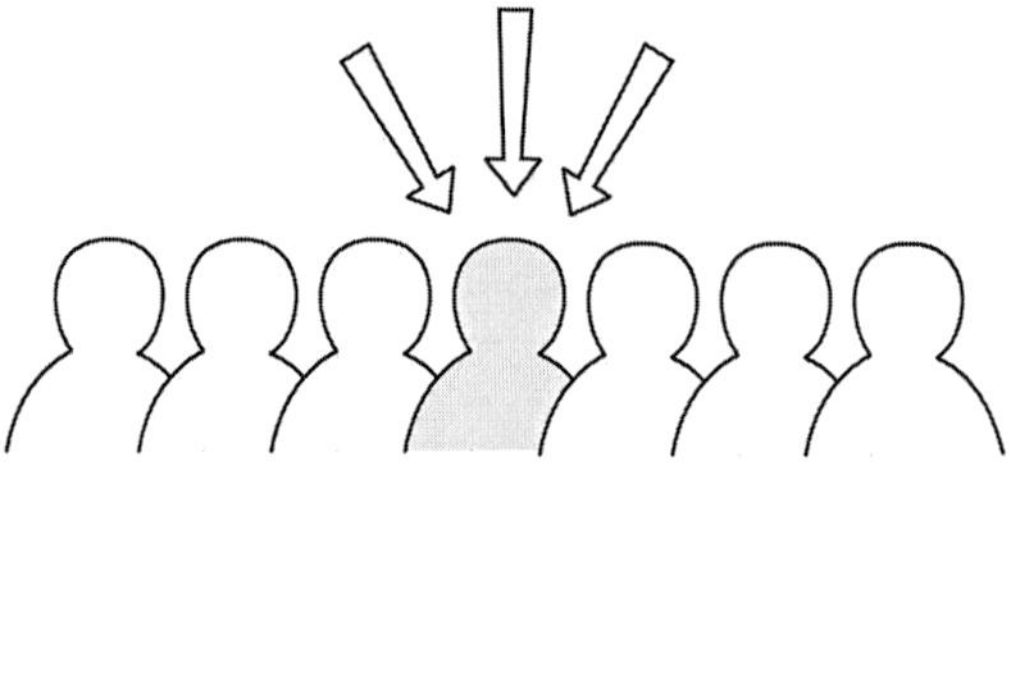

どうして日本社会には、強烈な同調圧力があるの？

元々日本という国は、侍の国と言われていた。強者が強い国であるから弱者が声を上げるのは強者に目立たないように、群衆として群れてリーダーが誰かわかりにくくするという方法を取った。つまり一揆という手段が弱者の手法として取られることが多かった。

一揆は地域単位で発生することが多かった。いわゆるムラ社会の中で発生した。一揆が発生する段階で、おそらく豪農や庄屋のように一揆には参加したくなくて体制側の仕組みに甘んじている層もいただろうが、ムラとしての同調圧力には勝てなかったのだと想像に難くない。そうでなければ地域全体が同じ意思を持つとは現代社会では考えられない。そのようなムラ文化が根付いた上で、江戸時代においては五人組という本百姓にお互いを監視させる仕組みができあがったのである。

五人組の機能は、年貢納入、治安維持に付き、組の構成員が連帯責任を負うところにあり、組内に年貢不納の者や欠落《かけおち》をする者が出ると、組として弁済の責任を負わされ、また五人組内に犯罪者がいる時は、密告を強制され、知りながらそれを怠ると処罰された。また日常生活で相互に監視し合うことを強いられ、質地などの土地移動でも連帯責任を負わされた。この決め事が異端者を発生させないための完全なる同調圧力組織である。その歴史は面々と近代にも引き継がれた。つい最近の昭和の時代でも１９４０年９月に新体制運動として隣組ができた。これは全国に設置された国民統制組織の末端機構であり、近世の五人組などの制度を継承し，約10戸を単位とし，連帯責任制のもと戦時生活の物質的・精神的統制を，地方官庁，町内会・部落会を通じて行おうとした。政府の通達，物資配給，公債消化，勤労作業，防空訓練などが，この組織を通じて実施された。完全なるお互いを監視した同調圧力組織が継続されたのである。

隣組という政策的に誘導されたこのような仕組みに以外にも同調圧力を助長する組織としては檀家制度が挙げられる。檀家制度という宗門独自の相互監視システムを作り自発的にお互いが異端者を排除する同調圧力促進組織となった。

このように日本は歴史的に見てもかなり同調圧力を基盤とした全国組織が存在したことがわかる。加えて単一民族であることで文化的な素地が同調圧力の発生しやすい国民性を作った。多民族国家と違い、宗教や習慣が近い、もしくは同じであることから全国で画一化が進んだ。その結果、同調しない人を見つけやすいという国民性がある。それは性格だけでなく生活習慣全般に出ている。

日本の地方都市を車で走ってみるとわかるが、どこも街の雰囲気が似ている。田んぼがあってコンビニがあり、チェーン店が同じように並び、家並みもそっくり。多民族国家と違うから人の歩き方や立ち居振る舞いまで同じように見える。そんな事は無いよと言いたいのであれば一度でも海外に住んで日本に帰国すると、身長や体重までまったく同じような黒髪の人種が歩いているのが不思議な感じを受ける。ましてや服装までがモノトーンが多く、ファッションも似ている。もちろん若者は若者ファッションとして大人とは違う独自感はあるがそれでも、原宿系、渋谷系のように一斉に同じファッションが広がる。

以上のように日本では、**ある一定の考えが主流となると少数派は一気に排除されるといった**

傾向が見られる。

例えば、かつてヤンキーと言われる不良が闊歩したいたが、ヤンキーは時代遅れという考え方が広がると。同調圧力でヤンキーファッションはまたたくまに消えた。大きな潮流に全てが飲み込まれやすい。様々なファッションが混在しているフランスなどの国とは別で価値観が同一化されやすいのが日本である。

加えて、郷土愛が強い。これは江戸時代の藩の制度が影響している。日本は小さな国の集まりであって、イタリアと同じく郷土への強い愛を持つ国民であり同調圧力を気持ちよく感じているのである。だから甲子園では声を張り上げ泣きながら郷土の会ったこともないような高校生を必死で応援する。それもあり「ふるさと納税」なる考え方がまかり通る。そして機能する。

アメリカの人で自分がネバダ出身だから、たとえニューヨークに住んでいるけれどネバダに納税するという事は考えられない。アメリカ人だからアメリカに払うとなるのである。

そして日本ではこの強い郷土愛と同調圧力が奇妙にブレンドされていく。そうして同調圧力が地域愛や人間愛のひとつの証明のようになった。

日本人って羊の群れだからわかるでしょ

日本人のメンタリティーは羊に近い。群れで動かないと不安にかられる。さらに囲われた場所から出ようとはしない。与えられる事に慣れていて限られた世界を世界だと思っている。動物園の囲いの中よりは牧草地には自由がある。だから、羊は牧草地の範囲は自由に動ける。そのため与えられているという意識より、自分で能動的に食事をとりに行っているという意識があるために不自由な自分に気が付かない。僕は家畜でなく野生なのだと本人は思いこんでいるが傍目から見ると見事に家畜である。それなのに家畜だというと、自分の意思で牧草を食べているので家畜ではないと言い切る。

少しでも選択肢や自由意志を納得させさえすれば体制側に操られていても気にしない羊さんは、大きな世界を見ようとしない。

羊は驚く事に囲っている柵を無くしても、元の柵の範囲から外には出ない。外に青々と牧草が茂っていても、柵の中の食べ尽くした残りを探す。他の羊と違う事をするのが不安なのである。さらに、周りと違う事ができないだけでなく、違う事をする個体を相互に監視している。それは自分達が群れでないと生きていけないという事がＤＮＡに染み付いているからである。いざ敵が現れると、一生懸命群れで対抗して追っ払おうとする。ただ群れを出て自分が強くなる事はしない。あくまで群れの中で強さを発揮するのである。

主体性が無いから群れにほっておかれも、どこに向かっていいかわからずに立ち往生する。自分の家に帰る事すら群れが動かないと自ら進んでは動かない。そして牧羊犬に追われると群れとして動きだす。牧羊犬が現れるまで動かないし、動けない。そして、牧羊犬に吠えられ動く事を嫌がってもいないし、むしろ安心している。

海外などで列に割り込みする人がいると必ず誰かが「並んでいるよ　We are line up!」と言ってくる。ところが日本では割り込みがあっても嫌な顔をしたり、独り言で「並べよ」とつぶやいたり、舌打ちをして同調圧力攻撃をするが直接注意は誰もしない。結局鉄道会社に文句を言うので鉄道会社はアナウンスで「列の割り込みはおやめください」と電車が来る度にアナウンスを流し、同調圧力という自分達の最大の武器を強化する。ここで鉄道会社が悪いと言う論理は間違えていて、**悪いのは弱い自分である事に気づかなくてはならない。**

単純に近くの人が注意すればいいだけの世界なのに、それができせずに、毎回アナウンスを聞かされる。聞いているうちに、人に注意するというのも自主的にするものではなく、運営側に文句を言えばいいという意識を植え付けられる。自ら行動するのは損だし、はしたないのではないかと自分に言い聞かせて他に任せるのである。

たまに注意する人もいるが、その人は普段から注意した事がなく、感情が爆発して言う事になるので、冷静に「並びましょう」と笑顔で言えなくて、「並べ、こら！」のように不機嫌な様子で周りを不快にさせる態度しか取れない。

もしくは「子どもたちも並んでいるので、大人なので並んで下さい」のように、行為そのものが駄目と言わずに皆が並んでいるのだから並ぶのは当然という論理的に正義を打ち出してくる。本来は行為を責めるべきなのに、同調していない事を伝達するように論理展開を広げる。何かがおかしいが、周囲はこのやり方に違和感を抱かない。それでも勇気を出して言うレベルなのは羊達の中では立派ではある。周囲の人は自分が言わないですむ事にほっとするわけである。

たまに注意した人が逆ギレされて殴られたりする。中には殺人事件にもなったりもする。驚いた事に同じ車両にいる誰もが関わりたくないので被害者を助けずに見殺しにする。小田急線では女性が一人の男性に理不尽に刺されているのに大勢の乗客は見殺しにした。相手は一人なので何人かでかかっていけば必ず倒せるのに羊達は自分が傷つくのを恐れる。

狼に襲われても群れの中に入る事を優先して襲われた羊を助けに行かない。つまり羊は自分を守るのに必死で周りにまで配慮できないのである。

そして世相を嘆く、どうしてこのような世の中になったのだろうかと。そして年配の人は言う、昔はこうでなかった。つまり単独で行動できなかった事を嘆く事で自己満足し、見殺しにする事を正当化する、そして心を守るためにすぐに嫌な事は忘れてそのまま改善せずに生きるという事を繰り返す。

同調圧力が蔓延《まんえん》する社会構造のベースには日本人の羊気質が大きく寄与している。ここは教育で本来は乗り切らなくてはいけないのだが、日本の教育は同調圧力を助長する教育で、「皆

がやっているから同じ事をしなさい」として服装までも管理する。

海外では様々な髪の色の人種がいるために髪色の指定まではないが日本の学校は髪の長さ、色、スカートの丈、靴やカバンの色まで指定する。だからこの国では羊たちがどんどん育っていく事になる。

究極はゆとり教育に現れた。運動会において全員が1位で順位をつけなくなった。足が早いというのは順位に現れてはいけない、突出してはいけないという教育である。優秀な才能を評価するのでなく、突出を削除するのである。もちろん羊の群れはこの教育ではますます育つ。

かつて暴走族がはびこった時代があったが、あれは不良社会の中の同調圧力でしかなかった。一見アウトローに見えて、服装や生き様が同調しているところが実はかっこ悪かった。

ここまで羊体質に対して分析しても、皆さんの中には「羊でいる事で何が悪い」と言う人もいるだろう。羊でいて一生過ごすという選択肢も悪くはない。だが自然界の摂理を伝えたい。

例えば、象は長生きする生き物である。

ここに一つの研究がある。英王立動物虐待防止協会（RSPCA）の野生生物科学官、クラブ博士が中心となってまとめ、１９６０年から２００５年の間にヨーロッパ各地の動物園で飼養されていた７８６頭の雌のアジアゾウとアフリカゾウの記録を分析し、アメリカの科学誌『サイエンス』に掲載されたものである。この研究では、動物園で飼養されているアジアゾウの寿命とミャンマーの木材企業の使役ゾウの寿命を比較し、アフリカゾウは、動物園のゾウの寿命とケニアのアンボセリ国立公園に生息するゾウの寿命を比較している。

アジアゾウの平均寿命は、動物園で生まれたものは18・9年、ミャンマーの使役ゾウは41・7年だった。アフリカゾウの平均寿命は、動物園の個体は16・9年、野生では35・9年だった。国立公園内で人間に殺される個体を統計から除外すると野生での平均寿命は56年となり、動物園で飼養されている個体の平均寿命の3倍にもなる。

「人間に飼養されているゾウのほうが、野生の個体より、よく世話をされているのだからより長生きするか、少なくとも同じくらいは長く生きる、と思われがちですが、そうではなかったのです。寿命の差は甚だしいものでした」とクラブ博士は言う。人間に飼養されているゾウには、また、子殺し、結核、ヘルペス、歩行障害などの危険性も多く見られた。

飼われるという行為は野生に比べて危険は少ないが、ストレス社会を産む。それは同調圧力によるストレス社会で失った野生が生き物の活力を奪う事になる。

実は人間も野生の動物だから、本来は同じであり羊的な生き方はストレス社会として精神だけでなく身体にも影響するのである。医療の発達で日本人は長生きするが海外の人と比べると個々の個性や個体のエネルギーに欠ける。

少子高齢化の原因の中に男女とも結婚しなくなったというのがある。相手を求めない社会の原因として実は同調圧力社会が影響していると思われる。

もっと我々は柵の外の牧草を食べに行ける勇気を持つ必要がある。羊気質から脱却すべきであり、そのためには同調圧力の正体を知る必要がある。知る事で我々は飼われた羊から野生を取り戻していかなくてはならない。

「〇〇だよね」は同調圧力に導く魔法の言葉

人々が集まる。例えば、飲み会があったとしよう。

その時に出る言葉で「やっぱりビールはスーパードライだよね！」と目線を全員に投げかける。もちろん会場にはキリン派の人もいれば海外ビールが好きな人もいる。体調を気にしてビールを避けてハイボールがいいという人もいるなど様々である。中には酒が駄目な人もいるに違いない。それでも口々に「そうだよね」と言って、みんながビールの注文で乾杯が始まる。これはおなじみの光景である。

この「～だよね」という言葉はとても同調圧力的には便利な言葉である。**一見、強制の無理強い感が無い。まるで同じ共通体験を一度繰り広げて、その時に得た共感が再現されるかのように、架空の共通体験が盛り込まれている。だから少し強めの「～だろ」より、皆で出した結論という感覚が言葉に挿入されている。**

さらにこの「～だよね」は断わりにくい。あくまで相手の立場に立って話ししているかのような代弁的な言い回しなので暗に「君の意思として思っている言葉を代弁しているよ」という意識があるので答えはＹＥＳ一択しか残されていない。

そしてこの言葉は同調圧力としてイジメの場でも使われる。

「あいつ最近生意気だよね！」

こう言われて、「そんな事は無いよ」という反対のエネルギーより、「だよね」という肯定のエネルギーの方がはるかにストレスは少なくてすむ。おそらく40人のクラスでこれを言われて、一人か二人は「そうは思わない」と言い切る勇気ある人もいるが、ほとんどは心の中にモヤモヤをかかえながらも「だよね」に乗っかる。そう、この「〜だよね」をＮＯと返すのはその人を否定する行為が入るから勇気が必要なのである。

このような軽い同意が日本社会では社会を潤滑に運営していくためのツールとして使われている。もしもこの「〜だよね」が無かったら宴会は最初のドリンクのオーダーだけでかなり混乱する。場合によってはオーダーシートを書いて、全員に回して、誰か有志が集計し、中にはカクテルを頼む人も出てくる、カクテルはビールと比べるとはるかに出てくるのが遅いから乾杯ができない状態が20分以上続く。カクテルが揃った時点ではビールの泡はもう消えていたりする。だからこの「〜だよね」の存在は羊さん社会の中では個々の我を抑えるためには欠かせない言葉である。

僕は海外で暮らした経験が長いので、はたして自分が暮らしていた南米、北米、欧州、アジアにこのような同意の言葉が有ったかなと考えると、実は、無い。有ったのは一部韓国とか中国の会社組織とかの上下関係がはっきりしている場面で上司がドリンクを決めることはあるが同意は求めない。従って「〜だよね」のような優しい同意の言葉は無い。

アメリカでは、そもそもシステムが違う。乾杯の前に一斉にシャンパンやドリンクをトレイに入れてテーブルを周り、全員によどみなくドリンクが回った後に乾杯をする。つまり個人の選択権はちゃんと守られている。

「〜だよね」はグループや組織を運営するのはとても便利な言葉であるが主体性という人間に必要な素養を育てる事を阻害している。

便利だから簡単に使い、そして自分達が駄目になるという点ではタバコのような嗜好品にも似ている。タバコを吸う人は、お互い同士を不思議なタイミングで呼び掛け合い休憩を取ることができる。そして、話に間が持たなくなった時にタバコを吸うことでごまかせたりもする。だからタバコを吸う行為そのものだけでなく、その微妙な間や休憩の恩恵に慣れると、たとえタバコが身体に良くないという側面があっても、タバコを辞められない。もはやライフスタイルになっているのである。

この軽い同調圧力の「～だよね」も同じで、その使用の便利さを知ると、それに多少弊害があろうが使用を止めることができない。これはライフスタイルが変わってしまう事になるからだ。

そして1億総同調圧力活用国家へとなっていく。他人が使用しているのを見てその便利さは伝染していくからである。

軽い同意をベースにして個々人の個性を無視した社会構造から本来は変えていく必要がある。その為には個々の意見や意識を大事にするという意識構造の部分から変わっていく必要がある。これが「～だよね」の正体なのだから。

「みんなが並んでいるから私も並ぼう」って、それ安心だから

レミングという繁殖力の強いネズミは時折個体が増えると集団自殺をする。実際には自殺しているのでなく、群れが移動する時に何も考えずに付いていくだけ。先頭が誤って崖から海に落ちても後ろのグループも考える事なくまっすぐ進むので自殺のように見えるのだという。このように考える事なく流れに従うのは楽ではあるが大きなリスクを伴う。

混んでいるラーメン店に行って、思わず並びたくなる心理もそれに似ている。並んでいる事によりその店の繁盛ぶりがわかる。そうすると、口コミで美味しい店を選ぶのと同じで、その列が発するメッセージが「この店は美味しいです」「並んでも入りたくなる店です」となる。そして苦痛を顧みずに並びだす。そうすると並んでいないと損をするのではないかという錯覚に陥る。

並んでいる人からは並ぶ行為が発信するメッセージがある。それは並ぶ価値があるというメッセージである。「並ぶ事で美味しくない店を選んでしまって後悔する事を避ける事ができ、かえって無駄を省く」と並ぶだけで周りに語りかけている。店を選ぶという行為には、実は重要な判断が必要で、美味しいか、適正価格か、雰囲気は良いかなどの満足ポイントがいくつかある。**人が並んでいることで、その判断を他人がすでにしてくれていて、その判断に乗っかるという事ができるのである。**

つまり１つ目はクオリティに対しての安心感である。

この行為はレストランを選ぶだけでなく、選挙のような時にも現れる。芸能人やお笑いの人のように名前が知れた人が政策如何にせよ選ばれることが多い。これは、この人はテレビで見ている人なので多くの人がこの人に投票するだろうという事で並びやすいのである。この行為もまったく混んでいるレストランに並びたくなる行為と同じである。

少しでも知っているということで、見たこともない候補者よりも選びやすい。そして考えなくてもすむのである。

みんなが並んでいるから、には別の要素も出てくる。**並ぶことにより並んでいる人たちと共有体験となる。そうすると先に並んでいる人の心理は、仲間には同じ意識を持ってもらいたいので並んで欲しいという有形、無形の同調圧力をかけてくる。自分の意識だけの問題でなく先に並んでいる人の引き寄せの力もある。**

２つ目には仲間意識の創生である。

ＳＮＳの隆盛を見てわかるように、共有の体験を人々は求めている。並ぶ行為は共有体験者が多いので、それをＳＮＳに投稿すればバズりやすいのである。

さらには、並ばない事により今後仲間内での話題に入っていけないのではないかという恐怖感もある。トム・クルーズの『トップガン』が面白いとネット上で出始めると映画が好きだから、トム・クルーズが好きだからというより、観ていない事で話題に乗り遅れる事を避ける意識が生まれる。

３つ目は仲間外れへの恐れである。

このように「みんなが並んでいるから私も並ぼう」という行為は心理的にも３つの大きな要

素が働きかける。実は単純な行為であるが心理分析的にはかなり深い行動でもある。同調圧力の基盤にはこのように多くの人に従う事が自分にとってプラスに働くという深層心理があることを知っておきたい。

第2章

同調圧力を生き抜くには

同調圧力の功罪

日本のコロナ政策は世界でもかなりうまく行っていると海外で評価されている。中国のように国民に強制的にアプリに加入させるのでもなく、欧米のように自由きままに個々人に判断させているのでもない、罰則規定も無いまま同調圧力頼みで乗り切ってきた。このように**強権に頼らない緩い強制をするのであれば同調圧力を活用するという施策を日本ではひとつの政策判断として活用してきた。**

それであれば、昨今の同調圧力批判は何故起きるかというと、同調圧力によって生まれた少数派の不満が解消できないことと、少数派となり意見が通らない側の人々の何とも言えないストレスや不満がまん延しているからである。

同調しないものを舌打ちし、無視し、意見するという不機嫌という力を活用しての手法なので、同調圧力頼みになると世の中は硬直しやすい。つまり、楽しく生きることを放棄して潮流に飲まれるのが同調圧力なのだから、わが民族向きとはいえ味気が無い。

同調圧力には行動の責任者がわかりにくい構造というのも味気無さに追い打ちをかける。同調圧力を利用する大きな理由は、**誰が活動の責任者であるかを明確にしなくてすむ。**そして、その**責任の所在の曖昧さが同調圧力の特徴でもある。**弱者にとってみると使いやすい手法である。それに対抗するにも相手が不在なので、もし少数派が多数派に対抗するとすれば、少数派から意見を修正して人々を取り込んで多数派と変貌をとげるか、少数派のままの意見でその意見を多数派の賛成意見として多数派に飲まれるしかない。

　少数派を多数派に変えるにはＳＮＳを駆使したり、共有感情を持つ母体を追加で開発したりする必要があるため、それには世論形成的な動きが必要で対抗するのはよほどの覚悟と時間とブレーンがいないとできない。

　つまり**同調圧力には対抗するのがとても大変**だという側面もある。いったん流れができると対抗しにくい。それはある意味、反対者を抑え込んで全体を同一方向に向けやすいという功の部分もあり、**一旦形成された同調圧力は正しくなくても対抗しにくいという罪の部分もある。**

　いじめなどに使われた場合はそれが直接的暴力と違って発見しにくいという罪な部分もあ

る。学校でＬＩＮＥグループを作って返信が無い子や遅い子、既読が付かない子などが無視され出すのもこれにあたる。

無視するという行為は、直接的な暴力ではないから先生もそのいじめの陰湿さに気が付きにくいし、実際に生徒に訴えられても「皆さん○○君を無視しないで」という指示は誰もその後の、個々の生徒が○○君を無視しているかどうかを確認すらできない。生徒に確認しても「忙しかったのでメッセージ返信できていませんでした」と言われてそこで終わる。つまり同調圧力というのは**主体者があいまいだからいじめなどの同調しないものを排除する動きに使われやすいという罪がある。**

逆にまとまりにくい意見をまとめることが同調圧力では可能である。１００人いたら１００通りの意見が出てくるのが現代社会である。それを全員が同一意見にするために、まず一人一人に説得するという現実的なやり方では不可能に近い。だから、高速道路や鉄道を作ろうとして土地の取得がうまくいかずに頓挫したりするのである。そこで、土地取得などまとまりにくい事をまとめるには同調圧力の活用が必至となる。

同調圧力を活用すると、無駄にお金をばらまき、個々に交渉したりする必要はない。無駄に時間をかける事をせずにすむ。コストがかからないという功の部分がある

例えば、原発賛成派の村にするためには、同調圧力でその効能を伝えていく方法で村が一つの意見にまとまることが多い。このように使い方によっては、**なかなかまとまらない意見をまとめてくれる功がある。逆に、そこには少数派の意見は握り潰されすい罪もある。**

一方、社会的に力の無いものが意見を出しやすいという側面もある。日本社会はかつて階級社会であったこともあり、強い個体の意見が全体の動きとしてまかり通りやすかった。江戸幕府五代将軍であった徳川綱吉は、自身が戌年であることから僧隆光の勧めによって、生類憐みの令を出し、特に犬を過度に大切にさせた。それに対して、力の無い庶民は「犬公方」と呼び、その批判を同調圧力で幕府に働きかけて抵抗した。

同調圧力は、弱者の声を強者に届かせる事ができる功があるが、直接的でないが故に時間と効果が出るまでに相当な広がりが必要である。

また、弱者が同調圧力により常に正しい事を言うとは限らない。

１９２３年の関東大震災時には、「朝鮮人や共産主義者が井戸に毒を入れた」というデマが流れ、それを信じた官憲や自警団などが多数の朝鮮人や共産主義者を虐殺した事件があった。これなどは同調圧力がマイナス方向に働いた典型的な事件である。概ね弱者に意見は正しい場合が多いが、間違いを犯すととんでもない方向に行くこともある。

いったん動き出すと個が動くのではなく集団が動くので間違いに気がつく人がいても流れを止めることが容易ではないという罪もある。

同調圧力対応法が精神的強化に偏り過ぎている

同調圧力関連の本が巷に多く出てきたが、論調は似ている。というより、ほぼ同じである。

「あなた自身が強くなれ」である。そして、同調圧力を受けるのは精神的に未熟であるからで、その未熟な理由は思春期に親離れしていないことで起きているという分析をしてくれている。ここには同調圧力に負けるな。同調圧力に苦しめられる事から脱却しようと鼓舞している。さて、ではそんなに簡単に精神が強くなれるかというとそれは実際には難しい。

精神的な問題として片付けているので一見、解決はシンプルに見えるが論調が偏っている。もちろん同調圧力よる社会的コントロールは今後も続くし無くなる事はない。

同調圧力が基礎的で社会的な解決方法の一つとなっている社会環境を考えると、精神を全員が強くする事で同調圧力は消えるかのごとくの論調はいくぶん乱暴ではある。

同調圧力に対抗することの解決策が精神強化であると言う考え方ですら、ある意味同調圧力でもある。**本来は、同調圧力は精神を鍛えて乗り切るものではなく、共生して良い部分は取り入れて、悪しき部分は修正していき、必要ない部分は切り捨てるようにすればよいというものである。**それで同調圧力対応は賛成と反対の両方向に二極化するだけではあまりに選択肢がなさすぎる。そこには**修正しながらの同調、方向転換しながらの同調、一時停止しながらの同調、反論方向への切り替え、部分的同調などの様々なオプションに気がつくことが大切なのである。**要は、複雑な方向性をもった対応ができる必要があるという事である。

多くの対抗策として言われている精神強化的な解決方法は聞こえこそいいが実際には機能しない。

例えば、いじめられっ子がいたとする。「あなたが、いじめに遭わないようにするには、あなたが強くなることである。そのためには肉体的、精神的に強くなってください」、このようにいじめられっ子に課せられる解決策は実に簡単である。強くなってくださいという、手法が今までクラスのいじめ解決につながってきたと言うかと言うと否である。強くなるのも一つの方法ではあるが、実現しにくい提案ではある。雨が降るから傘を持ってくださいというような物で、雨宿りしたり、レインコートを持ったり、カラオケに入ったり、映画を観たり、それこそ**千差万別のやり方が本来はあると考えられるようになるべきである。**

そもそも敵視しているが、同調圧力は完全悪ではない。場合によっては日本の高度成長を手伝ってきた良い部分もある。意思決定の一つの手法とすると、本来は対抗したり利用したりする事を学ぶべきである。**多くの選択肢に気が付き、その中で適切な行動を取れるようなマインド作りが必要となる。**

お箸が無いからご飯が食べられないでいる人にスプーンで食べたらとか、フォークで食べたらと勧めるようなものである。

いったん覚えると応用が効いて、そのうちストローを2本使ってお箸のようにして食べる事も覚えるかもしれないし、手づかみで食べて、後で手を洗うことも覚えるかもしれない。

人によってはお皿を傾けて口に近づけて食べるかもしれない。そのような発見は強くなれという精神強化とは大きく違う。

精神強化には努力が必要である。加えて、誰もができうることではない。それよりも選択肢をたくさん見つけるという進化過程が本来は必要である。

精神強化に頼る方法も選択肢の一つとして間違いとは言わないが、それを実現できる人がいったいどのくらいいるのかというと、答えはノーである。皆無とは言わないがほぼいないと思っていい。

弱い人に強くなれ、は正論ではあるが、虚論であるのである。

同調圧力は対抗するものではない。むしろ共生上手になれ！

現在、日本の政治システムは、衆議院議員と参議院議員の二院制を採用している。そして試行錯誤の結果、現在は小選挙区制、比例代表区制となっている。そして、選ばれた議員の中から総理大臣が選ばれる。つまり立法府と行政府は連携している事になる。

一方アメリカでは、立法府と行政府は独立しており、大統領と議員は別々に選ばれる。議員はその選挙区の唯一の代表として相対多数によって選ばれる。そして大統領を選ぶのは選挙人を選び、選挙人による投票となる。つまり、選挙制度において各国それぞれに模索しており、どの方法が正しいのか数千年の有史以来人類は未だに試行錯誤している。このように**人が物事を判断する基準は何が正しいか正しくないかは簡単に判断できるものではない。**

昨今の政策手段としての同調圧力は良くないという意見も同じ範疇に含まれる。選挙制度が固定化できないのと同じで、その正邪を論じるのは意味が無いことである。それをどのように使いこなすかを論じるべきなのである。

同調圧力というのは、弱者が集まり雰囲気を作る事で意思決定をす進める手段である。そうすれば意思決定の方法として消える事は無い。そうであれば、いかに使うかである。個々人が成長して乗り切れという乱暴な結論を出すのは安易である。それより、**どうして同調圧力という手段が出てくるのか、その背景を紐解き、そしてその中でどのように意思が決定されているのか、自分という個人の意思決定にどのように影響力があるのかを分析する力を身に着けていき共生していかなければならない。**

同調圧力を○×でとらえるのではなく、多くの選択肢を創意する力を身に着けて必要な部分は同調圧力を取り込み、不必要な部分は割愛し、時には部分的に取り込み、時には後回しにして時間差を設けたり、時にはまったく別の第三の方向性を示したりすれば良い。

つまり、反対一辺倒でなく、かつ飲み込まれろとの賛成意見でもない。それは工具のような存在で使い方において素材を見て決めていけば良い。ここはカンナで削った方がノコギリで切るより良いと判断するのである。

そのためには、同調圧力の正体を知っておかねばならない。日本が明治維新に成功して欧米列強と肩を並べたのは幕末の人々の頭の柔らかさがあったからである。徹底した欧米研究を国が一丸となって武士という身分を捨てて邁進したからである。このように相手を知ることで初めて正しい対抗方法が身につくのである。

武士が武士であることを捨てる努力からすれば、今の自分を少し修正して同調圧力を共生することなど難しい事ではない。

ともすれば我が日本民族は一辺倒になりやすい。

例えば、コロナ禍ではイベント会場の入場にワクチンパスポートを必須とする考え方があった。本来はワクチンを受けていない人の中でコロナに感染していない人は会場に行っても良いはずである。しかし現実は自治体が発行するワクチンパスポートを持っていないので会場に入る権利は無いといったこともあった。

ここは柔軟に考えて、コロナにかかっていない証明があれば、ワクチンを受けていない人であっても会場に入れてあげるべきである。選択肢のある社会構造は大人な国、住みやすい国の基盤であることを忘れてはならないだろう。

確かにワクチンを打っていない人が会場で罹災した場合、主催者は大きな打撃を受ける。もしも、そのような事を心配するのであればワクチンを受けていない人用のエリアをゾーニングして区別するという手法を取ればよい。手間というよりそれによって入れなかった層が入る事で売上は増大する。考え方一つでマイナスはプラスに転じるわけである。

このように意思決定を様々な選択肢の中で行う手法を身に付けると同調圧力は圧力と感じない。圧力ではなく、多数派の意見だと捉えると良い。

同調圧力の柔軟な対応方法は何も、政治判断などの公的な事だけに限らない。夫婦間などにも活用できる。正月は妻の実家に行くか、旦那の実家に行くかで毎年揉めている夫婦が多い。それは同じく、同調圧力が選択肢を使って共生させるのと同じ様に、夫婦間にも選択肢を増やして共生させる方法をそのまま使えば良い。

例えば、お金に余裕があれば全員でコテージを借りて過ごす案を出しても良いし、それぞれの実家がどちらを先に行くかでメンツがあるのであれば、単純にクジを引かせて順番を決めても良い。逆に家に両家を呼んでも良いわけである。さらに、いっそ両方とも行かないという選択肢すらあるのだ。さらに、オンラインの時代になったのだから正月はオンラインで挨拶するという方法もある。

同調圧力による意思決定は完全悪でない限り、共生という方法が正しい道なのである。

社会全体がそのようにすれば世の中がセピア色から極彩色に変わり住みやすくなるはずである。

陰陽!?
アジアには2択しか選択させない文化がある

日本語のＹＥＳともＮＯとも取れない、あいまい表現は世界の言語の中でもかなり特殊である。

これは和合文化という自然感から来ており「小異を残して大同を求める」という白黒はっきりさせない。白も黒もあるが間の灰色が、様々な色の灰色として存在を許し、どちらとも取れないが、比較的どちらか寄りという存在を許している。白黒明確とするのでなく、どちらとも言えないところで折り合いをつけるのである。玉虫色という色の表現がそれにあたる。

その曖昧な状態の表現を「良し」とする和合文化は世界でも注目された。日本の成功の裏にはこの、折り合うという行為による玉虫色的な解決を「良し」とする和合文化の存在であると研究され始めたのである。

ただし、こと同調圧力はとなると、**この和合文化の曖昧さとは別に明確に白黒をはっきりさせる陰陽の思想が色濃く出てくる。そこには玉虫色の同調圧力は存在しない。**そもそも玉虫色のような判断を本人に任せるのでは同調圧力ではない。同調圧力に置いては白黒の色を明確につける特徴がある。

同調圧力をするには明確な方向性が求められる。**つまり、途中で折り合える余地を残さないという事である。そこには、アジアに古来から根付く、陰陽の思想が影響しているといえる。**

選挙の時期になると必ず出るテーマの一つが、原発賛成派と反対派のぶつかり合いである。それぞれの主張の意図もわかる。反対派は核のゴミ（放射性廃棄物）の処理方法が確立していないので反対であり、日本は地震が多く原発の立地としては向いていない。安全性の点から反対。火力発電所から電力を十分に供給できるので反対などである。

賛成派は中小企業の電力不足によって日本が傾くので再稼働に賛成。原発の代わりになる発電システムが出てくるまでのつなぎとして仕方がないので賛成。他の発電コストが高すぎるので、原発は必要なので賛成。さらに原発を発展させ原発の技術立国にする必要があるので賛成。

などとなっている。

そこには賛成と反対の陰陽の考え方しかない。要はセピア色なのである。誰も、それ以外の意見を出してこない。実際にはセピア色から極彩色に変われる可能性はあるのにである。**他の提案としては、原発を日本は島国だから南海の無人の孤島で稼働させるという方法がある。その場合はエネルギーを無線送電で送る技術を確立すれば良い。無線送電には、「電磁誘導方式」「磁気共鳴方式」「マイクロ波方式」があり、中でもマイクロ派方式が大容量送電可能である。**

このように考えていくと賛成反対だけでとらえるより国家としての品格も高まる。

もう一つ提案しよう。

実際に実現可能な技術革新がある。核融合炉の技術革新をすすめる方向も探りたい。実は、世界ではＩＴＥＲ計画で国際核融合実験炉が進んでいる。これは海水から重水素とトリチウムを分離して取る手法である。そして、なんとしてもこの方針では放射能は出ないし、二酸化炭素も出ない。何よりも海水から取れるので海洋国日本には最適の手段である。

採用、不採用の2択以外に少し考えればこのような3択、4択などが出てくる。これこそが大人な社会である選択肢のある世の中である。

では、何故このような様々な方式を提案、考えずにどうして原発賛成派、反対派と分かれるのであろう。

頭が良くないから、めんどう臭いから。そうではない、そこには利権が大きくからんでいるからである。賛成派には補助金が欲しいという本音が隠れている。反対派にも環境保護を訴える事で選挙にクリーンなイメージで勝ちたいという利権がある。

欲しいものを欲しいと言わずに環境を主軸に話をするから建前が先行する。それが結果として陰陽2軸のシンプルな選択肢でぶつかることになる。**日本を含むアジア各国は本音と建前を大きく使いわける。だから大衆には選択肢を賛成か反対の陰陽でした選ばせない。さらには大衆もそれに慣れてしまっている。**

例えば、憲法9条問題にしてもいつの間にか戦争は賛成か反対かの二極にすり替えられている。実際には自主憲法を策定するにはどうするかの政策協議がなされずに、憲法改正はつまり戦争賛成だから悪となる。二極で出すと確かにわかりやすい。このわかりやすさに慣れるというのは水墨画にも似ている。つまりセピア色だ。

複雑な思考を避けるのは日本語という言語にも現れている。

英語や他の言語と違い日本語は最後のフレーズを聞くまで賛成か反対かわかりにくい。そして、複雑な判断を避ける傾向が国民性に刷り込まれている。確かに賛成か反対かだけで選ぶのは楽である。その楽さに慣らされると複雑な判断は自分では決めずに合議制になりやすい。自分で意見を出す事をやめて他の人の意見を聞きながらでないと複雑な判断ができなくなる。常日頃から複雑な判断をする習慣が無いのである。だから外国の企業が日本企業と打ち合わせする時に必ず言われるのが「決定権者が打ち合わせに来ていない」である。

つまり、複雑な打ち合わせ内容になると日本人はいったん本社に持ち帰るのである。そして本社で協議を繰り返し、結果誰も判断できないので経営者が判断する。簡単には決定したがらない傾向がある。これが海外では違う、プロジェクトリーダーがきちんと権限の範囲のもとで即座に決定する。それがあいまいを「良し」とする文化は決定を複雑にしたくないので2択を好むわけである。

日本や韓国、中国アジア各国が陥るのはこのような陰陽的な方向にしか決定ができない部分が際立つからである。

このようなアジアにおいては陰陽の判断を好む、時の権力者が民を抑え込むのはやりやすいやり方であったからである。個人が成熟していない場合は、陰陽の方向に流れやすくなる事を知っておいて欲しい。

例えば、衆議院選挙という政治家を選ぶ基準が郵政民営化か否かの2択しか与えられないように時の権力者は持っている。

そして簡単に乗っかるのが日本人なのだ。**陰陽の考えが悪いのではない、2択以外も知れるように本来の日本の特徴である和合文化を取り入れていき成熟していく必要がある。**

成長して行く必要があるのは個人もそうだか、家族、会社、学校、地域社会全体であるということになる。

固定概念とは？

ある所に修行中の若いお坊さんがいた。そのお坊さんは、物を捨てられない煩悩の人だった。ある日、そのお坊さんは師匠に呼ばれて托鉢の旅に出ることになった。そしてリヤカーにいっぱい家財道具をつめて旅に出ようとした。師匠はそれを見て、彼の荷物からあらゆるものを「これは不必要、これも不要」とポンポン捨てた。そしてお椀だけ残して、「これだけ持って行け」と若いお坊さんに指示した。

若いお坊さんは「無理です。調理器具が無いと料理できないし。お風呂道具がないと洗濯もできない」と言ったが「喝！」と聞き入れられなかった。

泣く泣く旅に出たお坊さだったが、実際に旅に出てみるとお椀一つあれば托鉢で食事を民からもらえるし、風呂道具がなくてもお椀があれば水を浴びることもできた。「何だ、本当にお椀一つで何でもできる」このように若いお坊さんは思った。

とある暑い日、若いお坊さんは川のほとりで喉が乾いていたので飛び込んで水を飲んだ。飲み終わってから、お椀でなく手で水をすくっている自分に気が付き、「なんだ！　お椀すら不要だ」そしてお椀も置いた。

人の煩悩について語っている寓話ではあるが、実はこの話の中には実際に不必要な道具というのは個々人が持つ固定概念だということを諭している。この時にはこれをしなければというのは全て虚の世界だというのを知っておきたい。

固定概念というのは、この話のように思いこんでしまっている事が実は心が勝手に作っていしまっている事にすぎないということである。

ある人が、60才になったからもうサーフィンを初める事はできないと思ったとする。これはサーフィンは若者がするスポーツだと思っている固定概念の中にいる事になる。金髪の白人だから英語が通じると思っているあなたもそうだ。僕がいた南米では金髪の白人で英語がまったく通じない人がたくさんいた。

コロナになってから突然に始まったリモート社会。今まで、会社は通わなくてはいけないという固定概念から、地方に住んでいるまま、リゾートに住んだまま都内の会社に就職できるとなってきた。これもこれまでは会社は通える範囲に住まなくてはいけないという固定概念の中ではできなかったことである。

そもそも日本社会の定年まで働くという概念すら不要なのではないか。日曜日は祭日という概念もイスラムの国では金曜日が祭日であったりする。固定概念に囚われ過ぎると国際間取引などはできない。

このように人は物事に対して、自分で枠をはめていき定義を作る生き物である。だから個々人によって固定概念が違う。比較的若い人ほど固定概念が固まっていないので、柔軟に多くの事が対応できる。

この固定概念が実は同調圧力の一つのキーワードなのである。ある特定の固定概念を人々は維持しようとして同調圧力という手段を使う。

コロナ禍のことだが、マスク警察なるものが、マスクをしないものは悪としてみなし、ジョギングで走っている間もマスクをしていないことを注意してくる。ジョギング中はマスクするのは熱中症になるのでしない方が良いし、感染リスクは無いのにいったん固定概念でマスクをしないと駄目となると異端者を許さない。

固定概念を守る手段が、同調圧力なのは良いが固定概念はそもそも思い込みなのでそれが正しいと思い込んでいるのが滑稽である。

よく詐欺師が「警察ですが、クレジットカード見せてください。近くで詐欺事件が多発していて」という手法を使う。これなどは警察だと言うだけで、すでに正しいと固定概念があるので騙される。固定概念に囚われやすいお年寄りほど簡単にひっかかる。若者がこのような詐欺に合いにくいのは固定概念がまだ年寄りほど固まっていないからである。

固定概念とはやっかいなものである。

僕がカリフォルニアにいた時に、日本人ドライバーが、赤信号で右折レーンに停まっていてクラクションを鳴らされているのを頻繁に目撃した。彼らは、赤信号は停まれという固定概念の中で生きている。だから欧米では赤信号でも右折は一旦停止で進めという進めの案内であることが理解できない。最初から赤信号は停まれと思っているので交通法規を覚える時に見逃しているのである。これは、固定概念がルールを覚える邪魔をしている顕著な例である。

生きている中で、自分がどれほど多くの固定概念の中にとらわれているかについて人は気が付かない。実際に実害があったりして初めておぼろに自分が何かの概念にとらわれていると気がつく。それでは実は遅い。

そもそも年寄は固定概念が治らないと思っている。その考えも固定概念かもしれない。

幸せになりたいとサンタクロースさんが来るのを待っている人は、サンタさんと良く似た格好の大黒様が隣を通り過ぎても、頭の中でサンタさんを待ちすぎて大黒様という幸せを逃す。

幸せを逃す人は往々にして固定概念が邪魔をするのである。

歴史のある国は固定概念が育つ

固定概念は生き物である。人が生活すれば、ソサイエティができる。そして自然と様々なルールや概念が育つ。それを固定概念と言わずに、作法という別の言葉で言い換える事もある。作法も、これをするにはこうするべきだと人が作ったルールである。つまり固定概念である。

日本には作法を良しとする文化があるので、固定概念作りに対して寛容であることも、我が国では固定概念が育ちやすい素地があり、歴史ある国に固定概念が育ちやすいのは、歴史ある国ほど、国家運営や組織運営のために固定概念を築こうとするからである。

かつては武士に生まれたから武道にたしなまねばならない。武士だから刀は左側に差さねばならない。刀は逆向きに置いてはならない。すべて作法となり固定概念となる。宗教が強い国もまた同じである。宗教的な価値観で固定概念を固めていく。キリスト教では日曜日は休む日であり、イスラム教では金曜日となる。これも歴史ある国ほど長きにわたり宗教が育つので個体概念は政治だけでなく宗教面でも広がりを見せる。

歴史がまた多くの概念を生み出す。家柄により、生業とする仕事が自然に決まっていく。この家に生まれたら、この仕事をしなければならない。その固定概念が生まれた時から植え付けられる。僕は京都という街で大学生、大学院生を過ごし、後に東京に出て来たが同じ日本という国ですら古い街ほどしきたりや固定概念が育ちやすかった。

政治や宗教以外の慣習的な固定概念も祖先から受け継ぎやすい。

「白人だから全員が英語を話すだろう」との思い込みなども新しい国では起きない。もちろん移民国家で様々な人種がいるという環境もあるが、新たな国では宗教や生活習慣なども含めて自分たちが作っていく必要があるので、特定のアイデアにとらわれ難い。

アメリカでは会った人が必ず英語ができるという固定概念が無い。同じ白人、黒人同士でも出身地を聞き、アクセントを聞いて相手がネイティブかどうかを確認するのが普通である。ところが**日本では相手がアジアの顔をしていると１００パーセント日本語ができるもの、白人・黒人であれば１００％英語ができるという固定概念がある。この固定概念は先祖から受け継が**

れたものであるから、やはり歴史ある国の固定概念は強固なものがある。

思い込みは発想を阻害する。最近では海外で爆発的に日本の食品乾燥機がプラモデルの強制乾燥用に使われるようになった。日本では食品乾燥機はお皿などの食器を使うためのもので他のものを乾燥する概念が育たなかったがアメリカではプラモデル愛好家の中で評判になり世界に口コミで広がった。このように伝統国では、特定の用途にしか使われなかったものが歴史の短い国で別の用途で広がる事は少なくない。

僕は、仕事柄海外から来る人の世話をするこが多い、その中でフィリピンやアメリカから来る人が自分の一眼レフのレンズの蓋（直径72ミリ）にハーゲンダッツのアイスクリームのカップ蓋を利用しているのを何度か目にすることがあった。どうやら、ちょうどサイズがいいようである。

これなども、日本においては食品で使っていたものを機材には使わないという固定概念があるので、高い金を出して一眼レフレンズの蓋が無くなると再度購入することになる。この例でわかるように固定概念のせいで自由な発想を阻害している事になる。

被災地などで電池不足になる時がある。

例えば、単4電池が無くなり、電気製品が使えずに露頭に迷う人なども多い。その場合は電話することもできず、場合によっては亡くなる人も出る。山の遭難時もそうである。海外の新興国などでは単4電池がなくなるとこのような方法が一般的である。それは、単3電池を斜めに入れて代用することである。これも単4の器には単4しか入らないという固定概念が伝統国の我々にはあるからである。**指導された利用方以外は考えつかないのは長い歴史が柔軟な考え方をすることを妨げている。**

アメリカやオーストラリアなどの国で木製の製品を掃除する時にオリーブオイルを使うのも、伝統国ではしない。食料品で掃除する発想が無い。固定概念にとらわれえいるから食料品は掃除では使わないと決めつけている。これが使ってみるとわかるが家具の表面をコーティングしてくれて安価に豪華に見せることもできるのである。

同じく、工具などの掃除によく使われるコーラもそうである。錆びている部分を2時間ほど浸して布で拭くときれいになる。トイレ掃除などでも洗剤の変わりにコーラが使われる。安価でかなりの効果がでる。固定概念で食料品は食料で使うと決めていると考えつかない事ばかりである。

固定概念が強いと発想が広がらないし、色々と損をしている事も多い。ましてや電池の使い方などは命にも関わる。歴史ある国であるのに活気が無くなるのもこういう所からなのである。

固定概念が育つと、考えなくても生活が普通にできるので、きっと工夫するという難しい事をしなくてすむようになるという便利な事もあるが、工夫するために考える事が減っていくので社会は硬直化しやすくなる。

戦後の高度成長期に一斉を風靡していた日本がスマホ、インターネット時代に出遅れたのは高度成長でガラケーができた時点で、次に考える事を止めたせいでもある。

平均年齢が上がっていくと、年配の人は変化を嫌がる。変化を嫌がると発想が固定化する。固定概念が増えていくと社会が硬直化する。ギリシャ、中国、インド　歴史ある国はことごとく成長が固定概念に邪魔されて動きが止まる。実は、**小さい事のようでかなり重要なのが固定概念との対処なのである。**

ビジネス成功者は固定概念打破者である（経営的観点）

ユニクロ、ソフトバンク、ソニーなどの全ての成功企業（全てと言って良い）に共通するのは固定概念の打破企業だという事だ。

ユニクロの成功が製品の革新性だけでなく、本社所在地を山口県から移動させないことも大きい。

それまでは、ビジネスの中心世界は、東京、大阪一辺倒であった。それはやはり固まっていると申請しやすいし、便利であるからもあるし、関係者にも会いやすいからである。それをこのネット社会を見据えて便利さを捨てて地元に集約した。そうして税金を納める先を山口県にすることで有形無形の恩恵を受けることにも成功した。

納税一つとっても、大都市の税務署より地方では融通が効きやすい。ましてや高額納税者は地方政府を動かすことさえできる。これこそが都会に本社を置くという固定概念を払拭することで成功した例である。他のアパレル業者から、ユニクロと同じ物を作ったらあの料金で販売できないという悲鳴をよく耳にするが秘訣はこんなところにある。

商習慣と言う固定概念の打破も大きい。それまで日本のアパレル業界では、メーカーは企画と生産と宣伝、販売は百貨店などでの委託販売と、役割分担がはっきりしていて返品も商習慣上当たり前だった。その分のコストは消費者に転嫁され、高い価格で買わざるを得なかった。

つまり、アパレルメーカーは雨後の筍のように乱立してもこの固定概念から抜け出すことができずに消費者に高い値段でリターンしていた。そういう事は、値段で中国製品などに比べて勝負はできないのでデザインで勝負するしか無かった。

それを、すべて自分でやり、リスクを自分で引き受けることと、**大量生産・大量販売で、コストを安くし、尚且つベーシックウエアなので毎年変わらずに販売する（マイナーチェンジはあり）というビジネススタイルを確立してきた。まさに大きな固定概念からの離脱だといえるだろう。**

次に、ソフトバンクにも革新的な部分はいくつもある。その突出しているのは借入金額のすさまじさである。新たな事業を始める時に資本金の何十倍も借り入れて攻める。借金が20兆円という国家にも匹敵する金額を借り入れながら、２０２１年には約5兆円の当期純利益を出して世間をあっと言わせた。今期はまた赤字に転落したが、その内容はソフトバンク・ビジョン・ファンドが、世界的なスタートアップ企業やユニコーン企業等に投資をすさまじく繰り返していたからである。実際に世界のユニコーン企業はソフトバンクが支えていると言っても過言ではない。ひとつでも爆発すれば次のグーグル、アマゾンにとってかわるのがソフトバンクとはすごいではないか。**これも一般的な経営手法の、「借金は資本金を超えてはならない」という固定概念があればできなかったことであった。**

そして、ソニーはあのアップルのスティーブジョブスが目指したい企業と言わしめただけあって、平井一夫社長兼ＣＥＯが経営方針説明会で言うように「ソニーは何の会社だと思うか」という問いに「一言でいえば感動企業。感動をお届けするのが一番の上位概念になる」と回答した。

つまり、企業の価値観が利益でもなく社員の幸せでもなく「感動」という漠然としたものであった。**映画産業やその他全てに利益追求という固定概念から感動産業へと移ったことが決め手となった。**

日本には世界で一番多くの老舗企業が存在する。それらの長生きの企業も長生きしているのは固定概念からの脱却という、老舗でありながら革新というのを繰り返した結果の長生きというのも知っておいた方が良い。

任天堂が今でも花札作りに専念していればシアトル・マリナーズにイチローが行くことはなかった。簡単には見えるが、花札製作の会社が職人を抱えながら、仮想空間にて活躍するという発想の転換、つまり**固定概念の打破が無いと今日の隆盛はありえなかった。**

固定概念はビジネスの世界では気がつかない所でそれに捕らわれやすい。

例えば、コロナ時代になって会社は出社しなくてはいけないという固定概念がなくなり、地方の優秀な人材が活用されるようになってきたのは事実だ。

商売するのは、駅の側で、という固定概念を取り払い、駐車場を完備すれば地方でも大きなモールが成立するというのを我々は散々見てきた。もしかしたら時代が変わればドローンやＶＲなどで駐車場すら不要になる可能性もある。大きな駐車場があれば成功するという固定概念にとらわれるのも人である。このように**固定概念を覆すことがビジネスの世界では成功につながっていくのであろう。**

スポーツマンは固定概念打破者である

スポーツの世界ほど、自分の固定概念を日々崩していかなければならない現実に直面しているものはない。

フィギュアスケートの世界で言うと、かつては3回転半を飛ぶことがメダルの条件であった。つまり、人間の限界は3回転半だと言われていた。ところが２０２２年になって当たり前のように4回転を新人ですら飛ぶようになってきた。このことから**限界と言われるものはすべて固定概念だったという事に気がつく。**

練習した結果、今まで自分が無理だと思う技や限界を超えていくのがスポーツであるので、**自分がここまでが限界と固定概念を持てば、いくら可能性があっても固定概念を超えることはできない。固定概念への挑戦がスポーツの世界である。**だから一流選手になればなるほど自分の限界を超えてくる。つまり固定概念は打破するものであるとの理解が生まれる。

新たな能力の開発というだけでなく、突然の不足の事態への対応も固定概念の打破が求められる。

スポーツと怪我は常につきものである。怪我をするということは今まで頼っていた能力が無くなるということになる。１００%が当たり前だったのに、その自分がもはやいない。

例えば、野球のスラッガーが、今まで使えていた技が使えなくなった時に、左手に力が入らないけど打席に入るなどの場面に出くわす。そうすると左手80%で右手は添えるだけという固定概念を捨てざるを得なくなる。そして、右手重視の打ち方を覚えていく中で固定概念は何だったのだろうと気がつくわけである。

スポーツとは本来、人が作った決まり事の中でゲームが行われる。いったんルールが決められるとそのルールを守りながら決め事の中で動く、これらは全て人が決めたゲームである。

ゲームであるから決め事を守るための同調圧力は頻繁に散見される。

高校野球の世界でダウンスイングが主流になると、アッパースイングの打者は修正させられるか試合に出られずにベンチにしか入れなくなる。監督やコーチが決めた同調圧力は他にも寮生活の強制や髪型の指定など様々出てくる。

このように元々**スポーツの世界は基本的には同調圧力の塊のような世界である。**

一時的にスポーツをする人は、スポーツの世界は固定概念の窮屈さに慣らされる。自分を前面に出さずに組織に入る事でスポーツを学ぶ。ところがスポーツを追求するスポーツマンはその固定概念でガチガチに固められた中にずっといるようになる。固定概念の中に身を置かざるを得ない。そうすると様々な固定概念の中で発見が自然と出てくる。

Aという中学のコーチが言う固定概念とBという高校のコーチの言う固定概念が大きく違う事に気がつく。長くスポーツをすればするほど、たくさんの固定概念が存在し、時には真逆の事を言っている事に気がつく。**このように固定概念が多い世界にいると固定概念が固定では無いことにも気がつきやすい。**

そこで、自分なりの道を歩まないと次のステップには進めないことに気がつく。

同調圧力の強い、固定概念の世界の中にいるからこそ固定概念は自分をある程度育てるまでは必要で、さらなる高みには固定概念の打破者しか進めないのに目覚めるのである。

スポーツでは固定概念打破という考え方が育ちやすい環境があるということだ。

音楽、美術は同調圧力支持と不支持の狭間で存在している

ピカソの絵を見て、この程度の絵なら小学生でも描ける。などと不遜にも思った人は少なくないと思う。ただ、彼の場合は青の時代も含めてデッサンや写実的な絵を描くことができる基礎的な画力が優れている上での写実的な絵から抜け出して「キュビスム」という絵画様式を生み出した。

彼は遠近法を捨てて3次元しか表現できない人の裏表を同時に描くなどして3次元を抜け出し2次元の世界で3次元を表現した。めちゃくちゃに描いているようで一定の新たな方向性を示した。そうすると、その描き方を多くの後進の人は真似る。つまり同調することで新たな潮流ができあがる。

美術の世界はこのようにゴシックからルネッサンス、バロック、ロココ、ロマン主義、印象

派などの同調を生んで行く。

音楽も同じ様に中世の騎士のロマンを中心に作曲したルネッサンス、バロック、古典派、そしてロマン派、国民楽派など時代時代によって同調されて行き近代に至ってはＥＤＭやラップ、ロックなどの音楽が流れている。

このように音楽や美術は表現が自由であるに関わらず、**一定の同調圧力による価値観の同一化が起きやすい。**同時に過去の流れに沿わない新たな創作物が生まれやすい２つの方向性がある。

そもそも**クリエイティブな世界では、人々に認められる必要がある。だから大衆に同調する必要があるので同調圧力が生まれる。一方　クリエイティブであるからには人と違う独自性を出さないと埋もれてしまうという半同調的な性質とか両方同時に存在する。**

そういう2反性があるので、音楽や美術をする人は一般人よりも無条件で同調圧力を受けるよりも、いったん自分の価値観の中で咀嚼できる人が多い。

ある意味、**独自の価値観を作る事に長けているので、同調圧力の無条件で飲まれないための**

トレーニングとしては美術や音楽をするという方法もあり得る。

もうひとつには、美術や音楽を目指す人は時の体制を嫌う傾向にある。表現というのはあくまで自由で有り続けないと発想が広がらないので同調するにしろ、しないにしろ自らを発想が自由な立場に置き続ける事を良しとしているので服装一つにしても人の同じであることに抵抗がある。このように音楽、美術は同調圧力支持と不支持の狭間で存在している

精神的に強くなれと同調圧力解決論者は言うが誰もができることではない

同調圧力への対処法の論調は基本どれも方向性が似ている。

「同調圧力に流されない強い自分を作れ」そして、同調圧力に流される人物は「物事を理解しないままに流されるから同調するのだ」と切り捨てて「自分自身を変える事」を求める。親の言いなりに生きる事でホルモンのバランスが悪くなる。そしてオキシトシンホルモンなるホルモンが分泌され続けるので攻撃的な人になる。それをさせないためにも適切な反抗期を過ごさないといけない。親の言う事を聞くのでは順調な成長ではない。親離れが必要との論調になる。

さて、このように反抗しなさい（それも適正に）と言われて、はたして一朝一夕に親に逆らえと言われて突然にできる人がいるのだろうかである。そもそも「親に逆らえ」が回答であるのは可怪しくはないか疑ってみるのも成長である。本を読んだから急に親に逆らうようになるのも変であるし、ある日急に反抗できるかというと、それは人の本質の問題でその関係性を急には変えられない。ましてや日本の場合は海外と違って、成人してからも同居していることが多い。つまり依存関係である場合が多い。その依存を断ち切る事は時間がかかる。

ましてや人間の本質は急には変えようがないし、あがり症の人に「あがるな」と言っているようなものだ。恋の相談をしたら、「相手に好きだって言えばいいじゃん」とバッサリ言い切られるようなものである。「反抗できるようになれ」というのは誰もができることではないのだ。

それぞれの同調圧力本の著者たちは本を書くぐらいだから一般人より前向きで自分を変える事に対して、比較的簡単に取り組められるほどの強さは持っている人だと思う。その基準で、誰もが変われるものとして同調圧力を解決する方法を見つけたように言うのは少し違う。

例え、自分を変えるのが解決策で、自分を変える事ができる程の意思の強さを持っている人でも、時間をかけて試行錯誤を繰り返し、時には友だちや恋人を失う事もある中で少しずつ変えていくものである。

それよりもこの同調圧力は抵抗するものか、受け入れるものか以外にも解決策がある。決して「自分が強くなれ」が解決策では無い。例えば、同調圧力を半分だけ受け入れて半分は自分なりに修正しようとする工夫もできる。

つまり「自分を変えろ」とする論調は解決策ではあるが、それが唯一ではなく、解決策の中の一つの方法にしか過ぎない。

それよりも同調圧力は完全に打ち破らなくてはならない敵ではない。同調圧力は打ち破らなくてはいけない悪の存在のように論じるのもすでに同調圧力なのである。

ではどうするか、ボールを打ち返すのは技術が必要だが、ボールが当たらない**場所に移動するのはすぐできる。このように大きなエネルギーを使わずにかわす事に気がつく事である。**

もっと言えば、「同調圧力を乗り切るには精神的に強くなれ」という同調圧力は皮肉な存在であることに気がつく。

大きな波が来たら、その解決法は単純に立ち向かうか逃げるかではなく他の方法は無いか探るのである。サーフィンのように波に乗って逃げるという避け方もあるし、浮き輪をふくらませるという方法もある。つまり**視野を広げる方向性を育てれば良い。**

いささか同調圧力回避の方法は本人が強くなれという論調が目立つのは、人間の本質として「人は絶対的な解決策を提案されるのを望んでいる傾向」があるからだと思う。確かに絶対的な解決策を言われると発言する方も受け取る方もなるほどと思う傾向にあるが、実はそこには実現可能かどうかのフィルターをかける必要があるのも知っておきたい。

人間は考える葦なのであるから。

固定概念を破ることで成熟した考え方が育つ

人類の進化の歴史の中で、多くの価値観を覆す出来事が起きてきた。

例えば、ビジネスは今回のコロナ禍による方向転換でリモートワーク中心の世の中へと移り変わった。

昭和のサラリーマンがタイムマシンで今の勤務状況を見たら会社は通勤するものだという固定概念があるので、驚愕するだろう。新たな概念が育つと過去の概念は払拭しないといけない。そのためには古い凝り固まった固定概念を早く捨てさらないと次の時代についていけなくなり、ガラケーからスマホに乗り遅れた世代のようになる。

本来、**人類にはそのように「固定概念を破る事で今まで当たり前であったことを否定する」という素質を育てる機能が備わっている。**

それの一つの例が、子どもたちに訪れる反抗期というものである。子どもは成人になるまでに二度の反抗期を迎えると言われている。一度目はいわゆる「イヤイヤ期」と呼ばれ、1歳半から３、４歳にかけて起こるもの。これは第一次反抗期と言われる。そして二度目は、小学生高学年から中学生くらいまでの一般的に「思春期」と言う時期に起こる。ただし、「反抗期らしい反抗期がない」という子どもも中にはいる。精神的な変化や成長があり、反抗したい気持ちがあっても、はっきりした態度には出ない場合だ。あるいは、反抗心をうまく自分の中で消化できる場合も、表立った態度は見られないだろう。親子関係のあり方によっては、「反抗期はあったけれど、まわりにはわからなかった」ということもありえる。「数日間、何かを考えているようだったが、そのうちすっきりした顔でいつもの様子に戻った」ということも少なくない。

「親子が仲良しなら反抗期がない」というわけではない。反抗期は家庭内だけで起こるものではなく、子どもの広い行動範囲の中で起こる可能性があるからだ。学校の先生や友だちに対して反抗的な態度を取るということも多い。

反抗期の存在は実は子どもの成長でもあるが、親も成長する時期である。それぞれが別の価値観を持つ別の人間だということに気がつく。

そして対等な人間であることを子どもは親に認めさせることができ、親はそれに気がつくのである。

そのような中で、親や世間から受け継いだ固定概念を破る事で成熟した考えを持つように育っていく。

実は、人間のＤＮＡの中には固定概念を破る事を良しとする性質が備わっている。もしこの固定概念を打破するという成熟が無かったら、あまた有った過去の変化に人類はついていけずに早々に人類は滅んでいたであろう。

ＤＮＡに反抗期をきちんと刷り込んでおかなくていけないほど、人類にとって固定概念を打破できる力をつけることが成熟への道なのである。

第3章

パターンでわかる「THE同調圧力」この場合どうする？

●学校・みんなと同じじゃなきゃ嫌われる

嫌われる事を極端に嫌がる人が多い。ところが、この嫌われる事を嫌がる心が有る限り嫌われる事から抜け出せないという不思議な逆説関係にある。

第二次世界大戦でアメリカが真珠湾攻撃を受けて参戦を表明した時にジャネット・ピカリング・ランキン下院議員はただ一人反対した。「全員が賛成すると言う状態は怖い」と発言し、後にアメリカの良心とも言われた逸話だ。

当時のアメリカの人はランキン氏を非国民と非難したが、彼女の行動によって多くのアメリカ人が全員で同調するのは何かおかしいのではと気づくこともできた。大切なのは誰かが反対してもその人を投獄や暗殺などをしない成熟した社会の存在なのである。つまり、社会が成熟してればいるほど反対の存在を認める。今のミャンマーやロシアが反対派を封じ込めるのを見ていて、社会の未成熟さを喧伝しているようなものである。

誰もがランキン下院議員のように強くなれるわけではないが、反対が言える社会の存在は必要という認識は持たなくてはいけない。例え自分が反対派にならなくてでもある。

「でも嫌われたくない」と言う人に魔法の言葉を授けよう。クラスが40人いて、ＬＩＮＥやインスタのグループなどでもすぐに全員がつながりやすい。そうなると放課後もグループを作ったりして課外活動が盛んに行われる。そのグループに入れない、もしくは意見を無視されたりすると自分が嫌われつつあることや、実際に嫌われている、もしくは疎まれていることに気がつく。そのために慌てて別のグループに参加して対面をたもとうとするし、嫌われていない自分を確かめようとする。

でも考えてみよう**「40人もいるクラスで、1人か2人の自分を嫌う存在がいても、嫌わない存在の数の方が39人や38人と多い。つまりその1人か2人に惑わされるのではなく、嫌っていない残りの存在を楽しむのである。つまりマイナス面を嘆くのではなくプラス面を楽しむと嫌われている事が不思議と気にならなくなる」**。

おそらくその嫌っている１人２人がさらに３人や４人に増えていくこともある。気が気でない気持ちも理解できる。ただよく考えてみれば、それでもその人たちは一部なのである。もし、クラスの38人が自分を嫌いで1人しか友だちがいなくなっ他としても、それは嫌われている事を嘆くのではなく、そのような状態でも1人の友だちがいる幸せを感謝すれば良いのである。

かつて僕は海外から帰国して日本語ができないために友だちがゼロの状態があったが、友だちがいて当たり前だと思うからいないと辛いだけで、遊びに誘われなければ誘われないでひたすら図書館で本を読んで日本語を覚えた。そうすると図書館の係の人や本好きの人という別のソサイエティができた。所属するソサイエティ以外もすぐに別のソサイエティができるのが人間関係というものだ。クラスが全てだと思うとその事にも気がつかない。

嫌われてはいけないとアンテナをピリピリ張って同調圧力に流されていると、ある人間関係の事実に気がつくはずだ。それぞれのクラスにはリーダーとか意見が通りやすい人がいる。実はそのオピニオンリーダーたちは嫌われる事を恐れていないから皆がついていく。つまり**同調**

圧力に飲まれない人が同調圧力の震源地になっていることが多いということだ。

嫌われない事を自分の価値観の中で上位に置くのをやめてみよう。これはあえて嫌われることをしなさいという勧めではない。自分が嫌な事は嫌だと言える気持ちは実は大切な事なのだ。そのために「誰に嫌われてもあなたがあなたを嫌いにならない生き方ができれば一番良い。だって**あなたを一番近くで見ているのは『あなた』なのだから**」。

「一番嫌われてはいけないのは他人ではない、あなた自身があなたを嫌いにならないようにしなくてはいけない。あなたがあなたを嫌いでない限り、誰に嫌われても大丈夫である。だって一番あなたを知るのはあなた自身だから」と考えて欲しい。

●学校・いじめに同調してしまう

自分を嫌いにならないという論理でいくと、いじめに同調しているあなたを、あなた自身が好きになれるだろうか?

答えは、否である。気持ちは痛いほどわかる。もし、いじめに同調しないと、自分が同じ立場に追いやられる可能性が出てくる。いじめに同調している限り直接被害は受けずにすむ。そしてこのぐらいは許されるだろうと自分に言い聞かせる。あなただけが無視すれば、あなたは1人を無視しているのでそれほど罪悪感はない。むしろ、人には好き嫌いがあるから、「自分はあいつが嫌いなのだから無視しても理にかなっている」と自分に言い聞かせるだけでいい。

ところがたまに全員に無視されて、目が死んだ魚のようになっているクラスメイトを見て少し胸が痛む。そのような君が大きくなって社会に出れば、思春期を同調圧力に飲み込まれて生きてきたから同調圧力に飲み込まれる生き方を良し、として多くの人生の岐路で判断する時に同調を選ぶのは自然だ。

もう一度振り返ろう。「そんな自分が好きになれるか」答えはそれに尽きる。**人として生まれてきたからには絶対的に自分が好きになれる生き方を目指さないと心が死ぬ。**

心を生かすも殺すもあなた自身なのである。

例えば、クラスメイトの中で無視されている人に話しかけるようになってから自分が無視される側になったとする（実際にはそのような堂々としている人は無視されないことが多いのであるが）。

現実社会として無視される辛さがある。ましてや、時にはその助けてあげたクラスメイトが自分を同調圧力で無視する側へと寝返ってしまうことすらある。その子はもう無視されたくないからせっかく話しかけてくれた君を友人として持つより、同調圧力に負けて残りのクラスメイトと話ができる方を選んだのである。君からすると踏んだり蹴ったりの状況である。その時にくだす判断であるが、「あの時に同調圧力に流されるべきだった」ではない。

「例え友だちがゼロになっても、同調圧力に飲まれなかったあなたを、あなた自身が傍で見ていて。あなたが自分を好きになったからそれで良いのである」。

同調には積極的同調と消極的同調がある。同調の発信をする人と、受信のみのタイプにわかれる。発信側のタイプには意志があり、受信側のタイプには意志がない。

ただ、この自分を好きになるように動けと言って、すぐに動ける人は発信側のタイプに限られる。なぜかというと発信側のタイプには生体エネルギーがあるからだ。少なくとも考えるという行為を自分でできる。やっかいなのが、意志が欠如している受信側の同調圧力者である。このタイプの人は自分を好きになれるかどうかの価値観が無い。すでに同調圧力に飲みこまれている自分ですら好きでも嫌いでもないからである。

その人たちに必要なのは積極的に感受性を育てる事である。感情を育てるためには、人と接しているだけでなく、本を読み映画やドラマを観る事、芸術に触れる事、そして、刺激を受ける事なのだ。

よく癌の末期患者が闘病中に近所の小道を散歩して、「草木はこんなに色づいていて、花はきれいで世界は輝いているのだ」と言っている話があるが、それは真実だといえる。

閉ざしていた心を開いて外を見れば何もかもがあなたにとって新鮮なのである。

これらは、実は小さな事から始める事ができる。

まず、日記を書くと良い。そうするだけで自分を見つめ直せる時間が持てる。書いているうちにいつも同じ時間に駅であう男の子があの子はバスケ部なのではないかなどと書いてみたりする。今日の駅員の放送はいつもと何か違っていたな、と書いてみたりもする。それだけで世界は白黒からカラーに変わるのである。

この様な事で心が育つ。

心が育つと同調圧力で苦しめている人の存在に初めて気がつくのである。

●学校・ブラック校則

世の中では行き過ぎた校則がまかり通りやすい。そして、それは同調圧力を育てることになる。

僕は、くせ毛である。それも、不思議な事に小学校まで綺麗な直毛であったのに中学から剣道を始めて、毎日防具着脱しているうちに気がつけば、くせ毛になっていた。くせ毛と剣道の面との関係は多少あるのではないかと思うが、それはここでは広げないようにしよう。そうなるとやっかいなのが校則であった。パーマ禁止の校則で、担任の先生が丸刈りを要求してきた。もちろん撥ねつけたが、ある日先生自身が丸刈りをしてきて、僕はやむなく丸刈り初体験を中学ですることになってしまった。

先生が小学校時代の直毛の写真を持ってきてくせ毛はパーマに違いないと信じてもらえなかった。

さてここで大きな疑問は、どうして個人の容姿まで厳しく口を挟むのか。それで違反することが悪者のように扱ってよいかである。先生方の理論はおそらく理論的な見解までは言えないのであろうが、ここには「割れ窓理論」がベースにあると思われる。

「割れ窓理論」とはどのようなものかと言うと、次のような説である。

治安が悪化するまでには次のような経過をたどる。

建物の窓が壊れているのを放置すると、それが「誰も当該地域に対し関心を払っていない」というサインとなり、犯罪を起こしやすい環境を作り出す。

そして、ゴミのポイ捨てなどの軽犯罪が起きるようになる。

住民のモラルが低下して、地域の振興、安全確保に協力しなくなる。それがさらに環境を悪化させる。凶悪犯罪を含めた犯罪が多発するようになる。

したがって、治安を回復させるには、一見無害であったり、軽微な秩序違反行為であっても取り締まる（ゴミはきちんと分類して捨てるなど）。警察職員による徒歩パトロールや交通違反の取り締まりを強化する。地域社会は警察職員に協力し、秩序の維持に努力する。などを行えばよい。

ということで軽微な事を厳しくすると治安の維持が保てるという理屈だ。髪の色やスカートの膝丈が大きな違反の前兆と見て目の敵にするのである。

本来は**子どもたちも一人の人間であり、教育の現場であればブラック校則を維持する理由や考え方を少なくとも子どもたちに意図を伝えるべきである。**そうすると、子どもたちから「髪を染めることで不良にはなりません」という確約をもらえるかもしれないし、この話をするだけで成長するかもしれない。それを一律うちの学校はこの校則ですとしてしまうのは大人が一度決めたことを変更するのを面倒臭がっている。歳を取れば取るほど変化に対応できないのであるとしか言いようがない。

スマートフォンが出てきた時代にはスマートフォンを学校に持って行くのは退学ものの大騒ぎであった。理由はカンニングができるとか、盗撮に使われるとか、性悪説ばかりがまかり通った。ところが時代が流れていって、今ではスマートフォンを学校に持ってこない生徒はほとんどいないという。

文明の進化がブラック校則を飲み込んだのである。ブラック校則は運用側の理論で一律ならば運用しやすいが、ピアスやタトゥーと下着を白で統一などの校則は何もかも同じレベルで語られている。

今までも何度か伝えたように、**与えられるのに慣れている事がブラック校則受け入れという同調圧力容認とつながっていく。**

ここはルール作りを生徒に委員会を作らせて一緒にするということが考えるきっかけにもなる。確かに生徒任せにすると自由度の高い校則ができて歯止めが利かないと考えるのであれば、今の議会民主制度のように生徒を衆議院、先生方を参議院のように2つの決定をぶつけて生徒会と先生が作る内閣のようなもので方向を審議し、生徒にも決定権を持たせる。いわゆるミニ民主主義を実現して、政治というものも学びながら「人には選択肢がある」のだよ、それも「その選択肢は自分たちで作れる」のだよ、という**同調圧力一辺倒でない社会の構造を伝えるのも大切ではないかと思う。**

●学校・会議で自分の意見が言えない

発言するという事は、その一瞬の時間は全員の注目と関心が発言者に向けられる。好意的な人もいるだろうが、もちろん多数の人の中では好意的でない人も存在する可能性がある。

さらに発言するということは、その発言の完成度を試される。当然、覚悟も聞かれる。だいたい提案した人がその業務をするべきだという会議の流れができやすいので、いい提案であっても、これを提案したら自分がやらされることになると思う心から発言を躊躇してしまう。

そもそも現状をこれ以上変えるのを良しとしない自分がいるのにさらなる変化は必要ない。

おおむね**自分の意見が言えない人は臆病というより、事なかれ主義であることが多い。**少なくとも意見が言える自分に変わりたいという思いがある人は比較的対処が簡単である。そういう人がやるべきことは、**自分の心に「反対意見をたくさん集めよう」と思えばよいのである。もはや反対意見を嫌がらない姿勢が君を変えると思ってほしい。**

問題は、意見が言える自分に変わりたいと思わない人である。その人は会議以前の対人スキルから変えていく必要がある。友人同士で会話をしている時に、話をさえぎって新しい話題を提案するようにする。こんな小さな事ではあるが、まずはここを心がけるだけで大きく変わる。今までの自分は仲の良い友だちとの会話でもそれを遮って新たな話題を提供できていなかったはずである。友人同士でも話を遮る小さな勇気は試してみる価値がある。いざ、友人の会話を遮ることで新たな話題を出すとそれが弾む場合も弾まない場合も、そこには会話の流れを作った小さな自信が積み重なっていく。

会議で意見を言うというのはその延長線上にある。かき乱す行為に慣れるかどうかである。実は、スポーツと同じで会話というのも場数である。たくさんの場面を経験する中でどんな人でも大きく変わってくる。中学生の時に何もできなかった一年生が三年になったらエースになったり、サッカーならドリブルの天才になったりした人を皆も身近にたくさん見てきたと思う。つまりそれらは全て場数である。**会議で意見を言えない人はその人の個人の気弱さではなく、会話という舞台の上で場数が足りないだけなのである。**

場数を踏むことで、あなたは変われる。

●会社・残業を断れない、休暇を申請できない

大きな流れにのみこまれることに慣れしまうと、ちょっとしたさざ波すら立てるのに相当なエネルギーを使う事になる。だから恋人とのデートの約束があっても会社の残業を断れない。そして、ここに断らないといった同調圧力にのまれる人の大きな特徴がある。

そう言う人は断れなかった事に対して自分の勇気がなかったことを責めるのではなく、残業している自分に正当な理由を後付けで言い聞かす。つまり自分で自分を説得するのである。残業を断れない人は自分で自分に対して「遊びより社会人である限り仕事を優先するのは正しい」と言い聞かす。そこには待っている彼氏や彼女の気持ちは入らない。**自分の中で正義を作る。そしてその正義に対して、「前から約束していたのに」と言う彼氏、彼女に、さっき自分に言い聞かせた言葉「社会人で給与をもらっている限りこちらの約束が優先だ」などと本当の心とは違う、さっき自分に言い聞かせた言葉を言う。**

休暇を申請できないのも同じ、「うちのデスクは忙しいし人員が減ったから休暇は社会人の

常識として取るべきでない」などとまた自分で自分を説得する。これは同調圧力の強い人の特徴といえる「自己暗示」である。

自分で考える事を止めている。ブラック校則の延長である。

自分に説得される自分も悲しいが、**まるで自分の意志のように言い聞かす事で自分という存在をぎりぎり保っているのに気がつくべきである。**

必然的に社内は断れる人と、断れない人と二極に分かれていく。

自分に勇気がなかった自分への怒りが本来は自分が悪いのに、休んだ人に向いていく。そしてまた同調圧力をかけるほうに回っていく。**同調圧力をかける人は自分への小さな残念が同調圧力へとなっている事が多い。**

同調圧力の怖いことが、たまに同調圧力の小さなパワーをもらって、同調圧力がさらに強化されて、消極的同調圧力者から積極的同調圧力者へと変わっていく場合があることである。これは直接的な圧力をかもしだす人物を生み出すことになる。

休みを取れない社員たちの休みを取った社員への怒りを、係長とか課長が汲み取って本人に注意したりする。そこには休みを取る権利とか休暇を取る権利やリフレッシュして体調を整えるという正論は通らない。

このように同調圧力を感じて直接発言する代弁者が多く育つと、よけいに同調圧力が激しい組織になっていく。これこそが悪循環である。

一番良い解決方は、社内のしかるべき地位の人が　同調圧力の代弁者となっているキーマンに狙いすませて休みを取らせるのである。そして残業させないように指導するのである。

オピニオンリーダーに狙いすませて同調させないようにするのが組織を同調圧力から守る方法である。さらに、同調圧力はある程度仕方のない事であるとしなくてはならない。そして、同調圧力の積極的運用者を減らす事が会社運営の中で窮屈でない組織を作る本当の組織運営になる。

●会社・飲み会は自由参加ですってほんと？

僕もかつてゴリゴリの営業会社に在籍したことがある。営業会社にありがちなのは仕事の後の飲みニケーションといわれる先輩からの指導、お小言、夢を語る会、個人的な悩みの吸い取りなどの密接なつながりであった。まだ僕は体質が体育会系であったので飲みの場で先輩同士が殴り合いを始めたり、それを止めて両方から殴られたりの昭和的な世界観にひたって「会社とはこんなもんだ」と思っていた。

その後、会社を辞めて大学院に入り直し多くの組織について学びを進めていく中で、それが半ばマインドコントロールに近い状態であった事が理解できた。

まず、会社都合の飲み会とはまさしく同調圧力の権化である。

自由参加のフリをしていてそこで行われる営業会議は参加していない人は今後の戦略の差し障りになるぐらい重要事項がその場でどんどん話の中で決められていく。もちろん欠席者には不利な業務内容が押し付けられていく。そしてこれも組織あるあるではあるが、その場にいない人の話題になりがちである。つまり酒の肴になるのである。それを目の前で見ていると、この場にいないことがいかに不利になり、そして噂の中心となりやすいのかを見て、ますます会社飲み会を断る事ができなくなる。もちろんいない人にはその場にいる別の社員に「ここにいない○○さんにはお前から明日にでも今日決まったことを伝えておいてくれ」と言う指示がくだる場合もある。そして飲み会に参加していなかったあなたは、重要な事があなたの不在のうちに決まっていったことを翌日知る事となる。

このような非公式の飲み会だけでなく、公式の社内の送別会や部内の定例の飲み会などはもっと仕事に近い。

その場で上司の挨拶から始まり重要な決定事項が伝達されるので欠席するのはよほどの深刻な理由が無いと許されない。

ここまで公式な行事であるのに、業務外なので給与が出ない。つまり非公式扱いなのである。

ここも給与や契約ではなく**同調圧力という力で「このぐらいは社員として無料でしろ　昭和の時代からこれで日本は発展したのだ」的な力が働く。**

さて、やはり「成熟した人間になるためには価値観そのものを自分で定義できる人となる必要」がある。

そのためにはこの◇時間外◇給与なし◇お酒や酌の必要（場合によっては）◇半ば強制的◇不在時に受ける不利益の存在などの理不尽に気がつく必要がある。さらには現代人であるから食事のタイミングとか摂取量は自己管理したいのに、このような会の度に接種する食事のカロリーで太ったりするのは望ましい事ではないなどもある。

本来、飲みたい時もあるし飲みの場で少しほろ酔いになった上司に、普段は言いにくいお願いをしたいこともあるのも理解できる。だから飲み会は自由参加であるのが正しい姿である。

同調圧力という存在をこの時はちゃんと意識するだけでも、進歩だといえる。

第4章

同調圧力を跳ね返す「提言」

若年層への提言

留学の勧め

留学のすごいところは、英語をマスターすることや、語学を習得することではなく、「価値観のまったく違う世界」に身を置くことである。

僕が幼少期に住んでいた南米では、誕生日の11月が初夏で、**世界地図の左端の地図からこぼれそうな所に日本があった。**

そもそも北半球と南半球が逆の地図を見て育った。そのぐらい世界に出ると、小さな事から大きな事まで様々な価値観があることに気がつく。

単一民族の国は世界では少ししかない。日本にもアイヌなどの少数民族はいるが価値観の同一化が進んでいて、どの街を切り取っても同じように見える。ところが多民族国家のニューヨークやパリでは1ブロック違うだけでも、ガラッと雰囲気が変わったりする。

もちろん留学するということはアメリカやイギリスなどだけでなく、ギリシャやトルコ、または、マレーシアやシンガポールなど先進国もあるが発展途上国もある、近年では中国への留学や韓国への留学も人気がある。

言葉が違うだけでも緊張感はあるだろうが、習慣や恋愛に対しての価値観も違う。食事の習慣や好みも違っている。日本の習慣を守るだけでは生きていけないのが海外だ。日本にいる時のように水道から直接水を飲むとすぐにお腹を壊す国が多い。バスや電車も懇切丁寧に案内してくれない。いつの間にか電車が到着して、いつの間にか発車するということも少なくない。それより時間通りに来ることが少ないので次にプラットホームに入ってきた電車は時刻表ではロンドン行きのはずが、遅れて入ってきたローマ行きの可能性も疑わないといけない。

そこに身を置きながら**日本で培った価値観は役に立たないことに気がつく**。でもそれはいつか日本に帰った時にその価値観を戻すために自分の引き出しにしまっておかねばならないのである。つまり**自分の価値観は日本に戻る事を考えると上書きしてはいけない。上書きせずに別のフォルダーにしまっておかねばならないのである。**

そしてこのようにたくさんの価値観フォルダーができあがっていく中で、価値観は与えられるものではなく自分で選択していくものであるといった世界の常識に初めて気がつくのである。

同調圧力というのは一つに同じ価値観を持ったベースがあってなりたつものである。様々な価値観の中にいると日本で当たり前だった同調圧力とはいかに未熟なものであったかに気がつくようになる。

加えて、周りの相手もあなたの持つ価値観を知ろうとする。友だちやホストファミリーや先生など、あなたに興味を持つ人に対してあなたは自分の価値観を説明しなくてはならない。

日本ではクリスマスをクリスチャンのように祝い、正月には神道のように神社に参拝して葬式にはお坊さんに来てもらう事を説明できなくてはならない。

海外では自分の価値観について説明する機会が増える。

ロシアの侵攻などであなたはどう思うかなどの日本人はどう思っているのかなど必ず食卓や友人に聞かれる。**聞く方はあなたの意見として聞くだけでなく、日本人はどう感じているのか**

が知りたいのである。つまりあなたは海外に出て初めて日本というものを見直し学ぶ必要も出てくる。価値観を伝える業務というのは留学することなくして発生しない。海外では当たり前な行為が日本では皆無に近い。

留学するのに日本を知らないといけないと書くと驚くかもしれないけど、海外に行けば行くほど日本の歴史などの説明が必要になる。なぜならあなたのアイデンティティは日本人であるからである。

多くの価値観の存在を知り、そのコントロールの方法をまがりなりにも留学は、無理やりにでも学ばしてくれる。だって髪は伸びるし美容院に行く必要があるので言葉ができようができまいが生活していくためには様々な価値観を吸収しなくては生きられないからである。食事もとらないと生きていけない、スーパーやカフェやレストランにも行かないと生きていけないのである。

僕は大学時代、留学に行った時にサンフランシスコの空港でトイレに入るためにコインが必要なのを初めて知って漏らしてしまいそうになった。トイレはあるがコインが無いから入れない。到着したばかりでコインなど持っていないのに、である。その時は親切な人がドアを開けたまま笑顔で使えと言ってくれたから助かった。

海外にいるとテレビのニュースにおいても日本で流れるニュースとそれぞれの国で流れるニュースがあまりにも違う事にも気がつく。関心ある事すら千差万別なのである。多くの価値観の中にいると、同調圧力が同じ価値観の中にいるものだから起きることを知る。

同調圧力は自分たちが自分達をしばるためのひとつの方法にしか過ぎないという事に自然と目覚める。

同調しない自由がそこにはあるのである。もちろん同調することで秩序が守られている日本社会を否定するものではない。だが少なくとも多くの価値観がある中で同調するのと何も知らずに同調するのでは小学生と高校生ぐらいの成熟度の違いがある。

留学とは、一つの人として大きく成長させる技術であると思う。

井の中の蛙が大海を知ってしまうのである。生き物には実は進化の過程で大きな特徴がある。井戸の中にいる魚や蛙は井戸の大きさに合わせて成長するので小さい。ところが大海に出ると波も激しいし環境も厳しい、だから魚は大きく育つのである。器にあわせて生き物は成長するのだ。

リスクもあるがリスクの無いところには成長も無い。世の中には沢山の人がいるが、あなたにとってあなたの人生は一つしかない。その人生を深みあるものにするのは留学が大きな手段である事は知っておいてほしい。多くの価値観に揉まれて価値観を選ぶ事を覚えると、次に価値観を提案することもできるようになる。

価値観は与えられるものではなく提案できるというのも大きな発見なのである。

帰国してから、留学経験者は皆感じる事なのであるが日本で普通に暮らしていても留学経験者は何かが違うということ。少なくともお互いが、お互い同士留学経験者であることに雰囲気だけも気がつく。実はそのぐらい人は生まれ変わるのである。

留学を経験した人にとって同調圧力は単なる選択肢にしか過ぎない。場合によっては飲みこまれない自分が育っているからである。

留学は語学を学習するためだけ以上の価値観の操作方法を学ぶ場である。

シニア層への提言

生まれ変わりの勧め（大学・大学院）

ガラケーにこだわる、ＦＡＸを使う。これらは歳を取ると変化に対応できなくなる典型的な症状である。どうしてできなくなるか、それは実は歳を取って頭が固くなったからだと思っているとしたらそれは間違いである。その人の人生に変化が無くなるからなのである。

僕は大学院に社会人になってから入り直した。大学院とは門戸がかなり広く、同志社大学の大学院は飛び級で来ている天才の若手から、社会人入学で来ているおじいちゃん、おばあちゃんまで幅広く受け入れていた。入学の時はガラケーを使っていた人が卒業する頃にはスマホを駆使してＳＮＳでコミュニティーを作るほど別人に生まれ変わっているのを見た。それももれなく全員である。つまり、**自ら変化に身を置くことで時代にマッチする自分ができるのである**。中には定年後の世代なのにアプリ開発に目覚めてＰＣ言語を覚え、ハンドルネームを作り、ネット社会で活躍している人も出てきている。まさか相手も定年後に目覚めたおじいちゃんだとは思っていないと思う。

生まれ変わりの勧めと言っても、転職や引越はそれほどの生まれ変わりにはならない。慣れるまでの一瞬の変化であるに過ぎず、また同じような日常が繰り返される。それは生まれ変わりではなく移動したに過ぎない。

なぜ大学や大学院があなたを変えるのか。それは、勉強することであなたの今まで思っていた自分を打ち直すからである。日本刀精錬の過程と似ている。あなたは長年使いこなされていて、錆も出ているし刃もかけている。そして最も駄目なのが「自分はこのまま年を取って朽ちるもの」だと思い込んでいる。

今からゴルフを始めてプロになろう。などとは思いつきもしない。**つまりルックスだけでなく中身も朽ちている。そのような生き方をしている人が自分の人生を否定することはできないので同調圧力があるとのみ込まれるのは当然である。同調を否定すると人生の否定にもつながるからである。**

刀の精錬で言えば、まずは錆落としが必要である。それは大学や大学院の社会人入学がもっともあなたを変えてくれる。欧米ではキャンパスを歩いている人の多くが定年後の老人であったり、働き盛りで別の道に進みたくて受けに来ていたりする人である。

日本は儒教社会の流れを組んでいるので、どうしても年齢にこだわる。歳だから今更、大学とか大学院は恥ずかしくて入れないと思っている。実は今のまま朽ちる方がよほど恥ずかしということにまず気がついてほしい。小さな勇気があなたを生まれ変わらせるのだから。

そして、大学や大学院では勉強の場だけではなく様々な年代の学友ができる。先生との交流もあなたを変える。勉学することで頭が活性化する。貴方の頭が活性化することは、刀で言えば火入れである。長年傷がついた刀に火が入り打ち直しして鍛錬が始まる。

どこまで鍛錬できるかは自分しだいではあるが、最低限錆は落ちて打ち直されることで自分が世の中の中心に戻ってくる。

消えかけていたあなたのエネルギーが復活するのである。もしもあなたが資金に余裕が無いので、考えてはいるが無理だと思うのであれば思い出して欲しい。若いというのは何も資本や資金が無くても動ける状態の事をいう。あなたも大学や大学院に入り、すぐに奨学金を申し込めば良い。奨学金というのは学資で借りたお金を未来返していくことである。それは未来がある人がすると思うのであれば否である。生まれ変わったあなたの未来に自分が投資するようなものである。その小さな勇気はあなたを変える。融資とは年配だから受けにくいものではない60歳のあなたが堂々と30年で返済を主張すればいい。

世の中の流れも後押ししてくれている。コロナ時代になり、オンラインで仕事が流れるようになってきている。時代はＷＥＢ３・０からＤＡＯと言われるネット上の次世代に突入していき、今後はアバターを使い年齢や国籍などの枠を超えた仮想空間での別の自分を作ることができるようになる。そうするとあなたが老人かどうかなど誰も気にしない。ただあなたは今の錆を取り、鍛錬することでいつでも生まれ変わることができる。

生まれ変わったあなたには過去の自分と今の自分という別の価値観が同時に存在することになる。成長した人の特徴である。そうなると同調圧力にのまれることはなくなる。それは、あなたの成長の中で生まれた自信でもある。なぜかと言うと、自分を俯瞰で見られるようになったからである。

主婦層への提言

部屋のレイアウトを変えろ

主婦であることで、子育てが入るだけあなたは自由に旅行すら行けない。ましてや老人に勧めたように大学、大学院に行こうなどはとても資金的、時間的に余裕が無いので、そんな事はできない。論外であると思っている。

そんなあなたができることの中で、一番簡単なのは**日常の流れを断ち切る事である。**

それも離婚とか就職してしまうとか家庭内にさざなみを立てる解決方でなく、簡単なのは部屋のレイアウトを変えることである。部屋のレイアウトを変えると言っても言葉では簡単であるがするべきことは沢山でてくる。**ただソファーの位置を変えるだけでも違う。何が違うかと言うとそこには昨日と違う変化が生まれる。**主婦の人が良く言う「一年が経つのが早いわ」それは変化が無いからである。

変化の無い生き方は植物と同じである。居心地は良いのかもしれないし、変化する余裕が無いのかもしれないが動物と違ってあなたは生きているのではなく生かされているのである。だから波風を立てるのを避ける。それが同調圧力に流される自分につながる。掃除でもいいのではないかと言うが掃除は日常である。つまりレイアウトを変えるとは日常からの脱出なのである。レイアウトを変えることで収納していたものが入るようになったり入らなくなったりするようになる。そうすると持ち物を見直す機会がでてくる。時には断捨離も必要となる。レイアウトを変えると一つだけでなく間違いなく他の部分も変えたくなる。そしてその心の声には従うべきである。部屋を白で統一するというテーマを持ってもいいし、間接照明主体の欧米風に変えてみたいとデザインを考える事に広がっても良い。

　この部屋のレイアウトを変える事の良い所は、一日わずかの時間だけに細分化もできる。一度に大きくする必要は無い。自分のできる範囲ですれば良い。ドラマを見る時間があるあなたはひとつドラマを減らせばできる事である。ドラマもしっかり見る時間も作れないというあなたは。料理を作りながらしか観られない。つまり「私には集中する時間が無いの」と言う。すなわちあなたは時間の管理が下手であるということにこれを機会に気づく事ができるわけである。

日常の中に新たな作業が入ってくるとそこに時間を作るという必要が生まれる。旦那さんは仕事場で、予定が詰まっている時に新たな案件が入ってきて時間の組み直しを余儀なくされるというのを経験している。予定とは変化するのが当たり前であるという感覚をレイアウト変更するだけで学ぶ事ができる。

そもそも、そのレイアウトが成功するとあなたには小さな達成感が生まれる。一日の生活の中で小さな達成感を得ることはそれが「成長」という事になる。

小さな成長をいくつか手に入れる中で、あなたは同調圧力に流される自分から物事に対して考える事ができるあなたへと変わっていく事ができるのである。

レイアウト変更をいくつかこなしているうちに、あなたは部分的にレイアウト変更すると全体に統一感がなくなることに気が付くようになる。そうなると所持品がどのくらいあるか確認したくなる。そしてトータルで変更したい願望に誘われる。そうすると、今度はレイアウト表を作るようになる。そして必要なものの不要なものを選別できるようになる。自然の流れであるが最初はたったひとつのレイアウト変更からこれらは始まる。

部分的な適応とトータルのグランドデザインとの違いを考えるようになると、物事には計画的にすることと、行き当たりばったりで対処法的に動く動き方があることに気がつく。それは家のレイアウトだけでなく世の中の決まりについても、一時的な苦しまぎれの決まりや、長期ビジョンに沿った考えとかがわかる。

例えば、ゴミの分別は長期的ビジョンであるし、ゴミの海洋廃棄は一時的な対処法である。家を整理していく中で世の中の価値観に触れることができるようになる。

たまに主婦で情報量が少ない生活をしているのに考え方がしっかりしている人はこのように家庭の切り盛りが上手な人が多い。

よく整理された頭は同調圧力に対してそこに対処できる力も備わる。

少年・少女層への提言

1日2時間ネットから離れて本を読め

本とは不思議なもので、下手な文章ですら何かメッセージが伝わってくる。そこには言霊が宿っているからである。

本を読まない人が良く言う「読まなくてもネット上で検索すれば出てくる。その方が早い」。それは確かに知識を得るという意味では正しいのかも知れない。ただネット上で受け止めるというのは完全受動である。その受け止める早さは動画で決められた早さに従う、つまり何度も再生して観ないと、その意味の深さを得るのは難しい。ところが本はわからなければ読み返しながら、ページを飛びながら見ることができる。読むスピードも個所も主体は自分である。だから受動のように見えて、読み手には主体性がある。キンドルに至ってはわからない単語を検索する事も読みながらできる。そして本には想像力が必要である。動画に出てくる髪の長い美少女は形があるもので声も聞ける。

ところが本で読むとそれは自分の感性で想像していかないといけない。だから万人が同じ本を読んで想像している少女像は読者の数だけある。僕がこの本で言霊をあなたたちにぶつけているが、それぞれが違う受け止め方をしているだろうし、著者の想像も人によって違うだろう。これが動画だと想像する行為を削除することとなる。

つまり映画で観る三国志と本で読む三国志の違うところは、本では創造力を働かせながら読まないといけないといった点であろう。これは小さい事のようだがとても大きい。常に創造力を働かさないと本は読めない。

その脳の活性化の違いは動画のみを観る人と本を読む人とで大きく能力の開発具合が変わる。少なくとも本を読む人と読まない人の会話が違い過ぎて驚く。

本を読まない人の会話は画一的である。それもそうだ、与えられたままにしか知識は広がらないからである。ところが本を読んでいる人はそれぞれの感性で読むから同じ事でも別の見方をしている自分流に解釈を進めるからである。すなわち創造力が人を進化させているのである。

そして本を読むことで成長しやすい脳は少年少女の君たちが持っている。聞いて欲しいのは今の世の中を作ってきた人は全員が本を読む人である。本を読まない人は歴史を作る場にすら立っていない。

勉強するというのは知識を得ることだけではなく自分なりの解釈ができるかである。そしてそれは多くの仮説を頭の中にしまいこんであなたという個性を作り出している。

映画やアニメやYou Tubeとの違いは、ある程度主人公目線で受け止めるように作られているのと情報量が少ない。どうしても2時間の映画だけでは、原作の膨大な情報量を超えることはできない。

ましてや文字での原作はそれぞれの登場人物を想像しながら読んでいくので読む人によってドラマの登場人物が変わってくる。

ついでに本を読むと目の中に「知の光」が宿る。会ってみたらすぐにわかるが「知の光」が宿る人は目が生きている、そして魅力的だ。それに本を読む行為は、相当にエネルギーを消耗する。読書をするのと運動をするのは運動の半分くらいは消耗する。つまり2時間本を読む人は1時間運動するに等しくスリムになっていく。脳は実はエネルギーを大量に消費する。

1984年に開催されたチェスの世界選手権のタイトルマッチでは、ソビエト連邦出身の棋士であるアナトリー・カルポフ氏は大会中に10キロ痩せた。

このように本を読む行為は君たちの「知の光」も育て、きれいに痩せるのに貢献する。そして創造力を向上させて多くの価値観が存在することにも気づくといった成長を手に入れることができる。**本を読むだけで同調圧力のような画一的な動きを疑問視する自分が手に入る、おまけに美しくなる。**

読み始めた頃は活字が頭に入ってこないだろう。それは慣れていかいからしょうがない。そして前に読んだことも覚えられないだろう。気にする事はない、とにかく読み進めていくのである。そのうちある日突然、本の世界に入ることができる日がくる。

著者の言霊が移り自分の世界が作れるようになる。**そうなると世界は広がる、どの時代にもどの世界にもあなたは飛んで行けるのである。**

1日に2時間本を読もう。

田舎に住む人への提言

都会に出ろ！

今の世の中、田舎に住んでいようがオンラインで都会との仕事ができる。何も都会に住まなくても地方でも十二分に対応できる。地方にいる人はそのように思っているし都会の喧騒や治安の悪さには馴染めない。それは正論であり理解ができる。

では聞きたい、たまたま住む所だから自分に選択肢があるが、これを人の成長の場合はどうであろうか。

あなたが小学校から中学校、高校へと変わっていく過程で小学校がいくら居心地のいい場所であってもいつか中学生になったら中学に入らなくてはならない。そして中学がどんなに荒れていて居心地が悪くとも誰も小学生に戻りたいと思わない。何故か。それは中学校の方が上位変換であり、人は成長していく生き物であるからである。人の住むところも生き物のようなもので成長している。

村よりも町、町よりも都市が多くの機能がそろっているために選択肢が増える。人が多い分それだけに選択肢やエネルギーがあふれている。それに日本は政治の仕組みが中央集権制度になっているので何もかも最終決定権が首都である東京に集約している。つまり地方でも都会でも同じ事ができるのであるが都会の方が地方で3年かかっていたことがわずか1年でできたりする。

都会には様々な価値観が混在している。つまり都市の方が田舎よりも上位の情報集約地域であるのである。もちろんたくさんの情報や人付きあいに疲れて田舎に戻る事もよいとは思う。誰もが高度なコミュニケーションを求めているわけではないのである。

個人差は当然にしてある。しかし、高校まで行った人が中学までしか行かなかった人に対して高校は行くべきだと言うように、大学まで行った人が高校まで行った人に大学は行った方がいいと思うように有形無形の良さが上位変換の中にはある。**もちろん我々が永遠の命があるのであれば、それは気にしなくていいのかもしれないが、残念ながら所詮我々人間には寿命があ**

る。

人間は精一杯生きても１００年前後しか生きられない。ましてや20歳から60歳ぐらいまでが人生の輝ける時代だとすれば、わずか、40年しか駆け抜ける時間が無い。それをスローライフするほどの余裕はない。

まずは都会と地方が変わらないと思っているのであればわずかでも良いので都会に出てきて住所を移すだけでなくアルバイトや仕事、学校を見つけて自分探しに磨きをかけると良いだろう。有形無形のエネルギーにまずは触れてみて欲しい。都会に出るから成功すると意気込むのではなく、自分とはどのような人間かを都会で多くのエネルギーに揉まれて探すのである。時には打ちひしがれる事もあり、結果として田舎に帰る事になるかもしれないが田舎以外の人脈や都会ならではの決定権の早さや交通の便などに触れてそのスピード感を持ったまま田舎に帰るのであれば少しも無駄な事ではない。

それと都会における隣近所への無関心さは実は地方に在住する同調圧力の大きさとはまったく別の選択肢の多さによる居心地の良さを知る。

地方ではどうしても近所に住む人の噂話が好きなように小さな社会であるがゆえのお互いへの関心の高さがある。それが都会では希薄だ。つまり同調しなくても生きていける。あなたらしさを前面に出しても文句を言われる事が少ない。

関心を持たれる事は両刃の剣である。自分が変わりにくい。同じ自分であることを周りが同調圧力を出すからである。でも、**今の自分が大好きであるかは自分に問いたいが自分を変われるなら変わりたいと思うのであれば都会に出ると変えやすい。**

一度、周りから監視の目をうけない生活をすると同調というものに対して地方では居心地が良いと思っていたものが実は同調にも居心地の良さとそうでないものが混在する事が見えてくる。つまり人として厚みを増すのである。

さあ、都会に出よう。

都会に住む人への提言

地方に出ろ！

都会にしか住んだことのないあなた。あなたははっきり言って、損をしている。都会が田舎にある全てが揃っていると思い込んでいるのであれば、それは違う。

まず、田舎は不便であることが工夫を生む。

都会にしか住んだことのないあなたは直ぐにイケアやニトリで家具を揃える、水はスーパーでまとめ買いする。

田舎の生活では不便さを工夫で乗り切るのが当たり前である。暖炉や柵、ちょっとしたものは自分達で山の木を切ったり、流木を活用したりして作る。水も買うのではなく湧き水を汲んでくる。そしてそれが美味しい。

あなたの価値観では便利で機能的なものが優先順位の上にあるが、自分が手を加えたものの

充実感にはかなわない。

キャンプの時に作るカレーが異常に美味しいのは一から自分で作るという努力が調味料になっている。不便さの中に楽しさや感受性が育ち、自分で作った暖炉に日を入れるあなたは今までの価値観と違う価値観に目覚める。

ましてや今の時代が後押ししてくれている。

今後ＷＥＢ３・０、メタバースの時代になって都会に出勤する意味が少しずつ減ってきている。都会でできていたことを地方で工夫してやってみることにより地方やリゾートの圧倒的な居心地の良さを甘受できる。

都会に住んでいるあなたは地方にしか住んだことのない人より多様な価値観を持っている。そのままの多様な価値観を持ったまま地方に行こう。そうすればさらに今までと違った価値観が広がる。地方では都会ではマイナスと思っていた手間がかかることが、プラスへと思える。価値観の逆転である。

さらに**地方では仲間作りの重要さが都会よりも大きい、都会では仲間を作らなくても生きて**

いける。地方では寄り添わないと生活が回らない。一人一人の弱さが浮き立つ。

そもそも人類の発展の歴史はその人類が持つひ弱さが大きく寄与している。虎のような爪もなく、鷹のように空も飛べない人類は弱さ故に工夫して道具を作り、一人で生きていけないから仲間を作るために言葉ができた。

都会では誰にも関わらずに生きていける。少し、面倒くさくなれば引っ越しすればよいだけである。でも地方ではそういうわけにいかない。コミュニケーション能力を駆使してソサイエティを作らねば生活が成り立たない。都会だけに生きていたあなたは、必要以上に周りに気を使い仲間作りに励まねばならないのである。

都会で暮らしていたあなたは、様々な場面で都会では無視していた社会活動をする中でいくつかの同調圧力を取捨選択する場面に出会う。

周りを無視できない地方の生活では同調圧力に対してのあなたの姿勢も変えていかなくてはならない。

あなたは元から地方にしかいなかった人では無いので、あなたは同調圧力に対して、それを取り入れる、あるいは取り入れない、もしくは部分的に取り入れるなどの選択の場面が増えるであろう。都会の感性と地方の感性を融合させることで、どちらの良い所もミックスさせながらあなた独自の世界観が広がる。

だから一歩都会から出て地方に行くことはあなたの生活を充実させ、価値観の逆転を含めあなたを成長させる。

人生負け組人への提言

友人・会社を総入れ替えしろ

生きているのがつまらない。どこから自分の人生はこうなったのだろう。それでも他の何かをやる気力もない。きっと今のあなたは、人生を自分でリードすることができていない。そのまま流されてきて今のポジションがある。ここから実は「何かをすることは難しい」と半ばあきらめている。そんなあなたの姿は想像に難くない。きっとあなたが今のポジションにいるのはそのような環境にいるからで、あなたがもし何かやろうとしても新たな事ができない仕組みができあがっている。

強い同調圧力によって今までの自分を変えさせなくなっている。

そこから抜け出すためには荒療治が必要だ。それは何かというと、今まで当たり前であった友人や会社を総入れ替えすること。

この全ての人脈を総入れ替えするのが良いのは、そこには過去のあなたを知っている人がいなくなるという事。子どもの時の引っ越しにも近く、そこではなりたい自分を演じることができる。

何もそこまでしなくてもいいのではという意見や気持ちも理解できるが、この友だちは残してこの友人は残さないという取捨選択をしてしまうと過去はいつまでも変えることができない。

もはやハリウッド映画の証人保護プログラムにあるように、まったく違う人生を歩む事をお勧めする。

理由は、あなたは弱いからあなたから人間関係を変える力が無いからである。他の人の影響力の元、同調圧力に飲まれる事に逆らえないからである。

色んな同調圧力対策本に「強くなる事が解決だ」と書いているが、僕はそうは思わない。「今のままの自分で良い。人生のどこかの判断を間違えただけなので、それならば人生の衣替えをしよう」である。そのためには一番簡単なのが、友人・会社との縁切りである。今の時代はし

ごく簡単にできる。ＬＩＮＥ、Facebook、インスタグラムなどのＳＮＳからの離脱や携帯解約で新たな番号を手に入れる。

それだけである。２時間もかからない。これだけの事をしてもまだあなたを追いかけてくる友人がいればそれは、親友として再登録すれば良い。その人は大事にしていいと思う。でもほとんどの場合、きっとあなたが消えてもあなたを追いかけて探す人はいない。

人は消えたらそのまま忘れ去られるという事実も知るべきである。

親戚の元に身を寄せるとか、過去のしがらみにしがみつくのではあなたは変われない。何も縁もゆかりもない場所に降り立ち、そこから人生を立て直すのである。その場合に一つだけ大きなアドバイスをする。

「自分の記録を備忘録という形でとり、何度も過去の自分と同じ判断をしないように確認するのである。そして備忘録は毎日見返す」たったこれだけであなたは大きく変われる。俯瞰の目であなたを見ることが大事なのである。

日記のように感想や、起承転結は全くいらない。ただそこには自分の歩みを書くだけでいいのである。傷ついたあなたは、新たな自分をプロデュースできるようになる。そして、多様な物事の考え方や価値観の取り込みも自然と俯瞰で見られるようになる。そして、新たな人生を幸い歩むようになれれば過去の人生の選択肢とまったく逆の事を備忘録を見ながらすればいいのである。

特に挨拶をするようにすることを心がける。そして毎日挨拶を始めて周りがどのように返してくれるかを備忘録に書くのである。たった、それだけと言うのかもしれないがそれだけで、確実に変わる。

次に前の人生でやりたかったけどできなかったことを書き留めよう。

例えば、一人でバーに行くとか。革ジャンを着るとか。少しずつでいいから備忘録があなたを未来に引っ張ってくれる。

さあ生まれ変わろう。

成功者への提言

小さくまとまっていないか見つめ直せ

成功者がもっとも今に縛られている。

成功するに至る何かは日々の繰り返しであることが多い。その繰り返しがルーティン化されていて価値観もある方向性が定まっていることが多い。価値観には独自のものがあり、あなたは自信に満ち溢れている。

自分が作った価値観の中に存在しているために、他から与えられた価値観の中にはいないために余計に、その価値基準は明確でゆるぎにくい。

しかし考えようによっては、その今の自分を失敗者よりは捨てることが困難である。だって成功しているのに変える気にならないからである。

成功者に多いのがこのように特定のポジションを固執するあまり、小さくまとまってしまうことである。

悲惨な自分はすぐに変えられるが、小さく成功している自分はさらなる成功を求めて小さい成功している自分を捨てるのは難しい。

であれば、何をすべきかと言うと、**今のあなたは成長が止まった状態でないかを常に見直すことができるかである。**

かつて日本には３人の傑出した英雄が戦国時代にいた。織田信長、豊臣秀吉、徳川家康の３人がそれだ。

織田信長は、尾張を平定してそれでも成功とは思えなかった、将軍家や天皇家から位をもらうことを断った。つまり、貰えばその下につくことになる。豊臣秀吉は将軍より上の地位である摂政関白をもらい成功と自分をみなした。徳川家康は摂政関白にも興味をもたず武士の最高位である将軍となり成功へとたどり着いた。

信長以外は、どこかで自分を成功と落ち着かせたのである。この中で一番、伸び代があるのがやはり信長である。成功することに限界値を定めなかったからである。歴史の上で結果は長生きした家康が勝者ではあるが、覇者としてのポテンシャルは圧倒的に織田信長にある。

このように自分がゴールと決めた以上には人は進まない。

成功者は成功しているが故に、その地位を固めるための同調圧力を形成する。そしてその地位固めに入るのが常である。大きい器で地位固めするのであれば良いが、一度作り上げた小さな城はそれ以上大きくはできない。

成功者は実は、失敗もしにくいがさらに成長がしにくい体質を自ら作り上げている。ではどうすべきなのか。

成功者ほど、「自分がいないと組織は崩壊する」などと勝手に思い込んでいることが多い。何でも最終決定を自分が決断の際には入るようにしている。そして権限を自分に集中させている。

実はいったん成功している組織はあなたがいなくても、回る。あなたを必要としているというのはあなたの幻想なのである。だから売上が落ちても良いので十分の一くらいの収益を残して、完全に1年ぐらい旅に出て知見を広めよう。1年後に会社が潰れていても良いという覚悟で任せてみるのである。意外や意外1年後に戻っても会社は回っている。もし潰れていれば残した十分の一 で次のビジネスを初めると良い。以前より良いビジネスモデルができるだろう。大事なのは小さく固まらない事である。**あなたが、小さく固まると周りもそれに合わせて小さく固まる。あなたが同調圧力をたくさん使い始めると周りもそれに追随する。成功者は影響力を周りに対して、少しずつ同調圧力を作る側に回っているのではないかと自問自答する必要がある。**

ひとつのバロメーターが「あなたが会社にいる日に残業が増えていないか」である。もしそのような傾向があるならそれは、業務量の問題でなくあなたが不要な同調圧力の発信者になってしまっている。会社組織としていいことではないのはあなたもわかるだろう。その武将がいる時だけ皆が頑張るのであれば、それはすでに良い組織ではない信長の時代であれば天下布武には遠い集団と言わざるを得ない。

成功者は自分の価値観を押し付けない事である。

孤独な人への提言

孤独は否定するものでない

孤独という状態は実は素敵な状態であるという事を知るといい。あなたは孤独が故に周りに少しでも溶け込もうと同調することが多いが、孤独は悲しむものでなく、その状態を楽しむようにすれば良いのである。そうすれば孤独な状態を避けたり嫌がったりしなくなる。だから無駄な同調も減る。

孤独とは誰からも愛されなかったり、構われなかったりする状態を表す。クラスで言えば友だちがいないという事である。休み時間になっても誰もそばに寄ってこない状態だ。

ここでもっと物事を本質まで突っ込んでみよう。あなたは孤独を恐れているのではなく、「孤独な状態を周りに可哀想と思われる事を恐れている」のである。つまり周りを気にしているわけだ。純粋に友だちが寄ってこない状態を恐れている人は実は少ない。そのような状態を可哀想と周りに思われるのを恐れているだけで、これは単に惨めに思われたくないという同調の延長なのである。同調を求める心が孤独をより強めている事を知ると、あなたの孤独は同調マインドと繋がっていると知ることになる。同調マインドを減少させるのが孤独を減らすことになる。

実際には惨めに見える人は孤独な状態というより、その後の行動が重要である。不要に誰かに寄って行ったり、周りをキョロキョロ見て人目を気にしたりするのである。本来は堂々と孤独で自分の世界に満足しているようにすることで、少しも気にしていない自分を演出すると良いのだ。

孤独を嗜《たしな》むという表現が正しいのであるが、孤独は嗜む必要がある。

クラスで言えば、あえて人目を気にしないくていいのであれば音楽を聞いたり、寝たりする人が多いが、それは誰から話しかけられるのも遮断しているから孤独を嗜むより、単に孤独な状態を戦っているようにしか見えない。遮断をせずに受け入れ姿勢を見せて別の事に集中するのである。

本を読んだり、勉強したりするのも良い。これが孤独の嗜みである。人が話かけてくる余力を残して孤独に入るのが孤独への嗜みである。

社会で言えば、家に籠もって出ないのではなく、無用に飲み会に出かけたりするのでなくお買い物に出かけたり、美術館に行ったり、ジムで汗を流したり。自分の時間を楽しむのである。それが孤独への嗜みである。

孤独な状態と、お金が無い状態は似ている。

お金とはそれを求めに行っている人には近づいてこない修正がある。お金は寂しがりだからお金があるところに自然集まりやすい。無い所には、それを求めてもお金という仲間がいないから近づいてこない。つまりお金があるところにお金は集まりやすい。

お金のルールと孤独は似ている。孤独を前面に出しても人は集まってこない。孤独を平気に振る舞い、孤独な状態を嫌がらない人の所に人は集まりやすい。つまり孤独を嗜んでいる人は友だちができやすいという不思議なパラドックスがある。

恋愛と同じでガツガツしている人の所には寄っていかないが自然体な人には人が集まりやすい。だから孤独を避けようともがくと孤独に陥りやすい。そのような習性がある。

つまり孤独をなげいているあなた。

嫌がるから孤独は寄ってくる、嫌がらないと孤独は寄ってこないのである。孤独を受け入れ楽しみそして嗜むと、自然と向こうから人が集まってきて孤独な状態はやがて消える。孤独を嗜もう。

それができるようになると無駄な同調をする気持ちが無くなる。

友人が多い人への提言

自分を押し殺していないか

友人が多い事は良いことである。それだけに調和能力もあり、周りからの信頼もある。時には、困った友人から相談も受け、時には誰かが何かを企画すると呼ばれる。

そんなあなたの周りには多くの友人であふれている。それでも友人が多い人に言えることがある。それは「周りの調和を気にするあまり自分自身を押し殺して我慢したり、他の意見に同調したりしていることが多くないか」である。

往々にして友人が多い人は大勢に同調して、大きな流れに乗ることが多い。友人が多い理由でもあるのだが、そのやり方では本来のあなたの意思が人には伝わらない。

週末に誰かの誕生会があってあなたが呼ばれたとする。本当は別に行きたいコンサートがある場合は「ＮＯ」と言える非同調のアクションができなくてはならないはずである。ところが、長いあなたの同調の歴史があなたを「誕生会だから仕方ないよね」と自分の趣味や好みを我慢することが正しいという姿勢が身についていて、そこには疑問をもたないし、結果コンサートを諦めたことの残念さもすぐ消せる技を持っている。

はたしてそれで良いのだろうか。本来、人は自分という個性を持っているし、その個性を育てる事であなた自身が成長していく。コンサートに行くぐらいで、個性は育たないと言うかもしれないが、自分のやりたい事や夢に対して積み重ねていく事が自分を育てる。

例えば、コンサートに行って、何か心に打つような言葉に触れあなたは自分の進路をそこで決めるかもしれないし、同好の士と出会い別の人脈が広がるかもしれない。

つまり、**友だちを大事にして誕生会に行く方を選ぶ事で実は本当はできるはずだった新たな人脈が広がらずに小さくまとまってしまっている可能性すらある。**

我慢することに慣れてくると我慢することが苦痛ではなくなるし、習慣にもなってくる。

実はこの我慢するあなたと、自分を出すあなたに対してどちらが良いのかがすぐわかる指標がある。スポーツ選手や歌手や俳優など世の中の一線で働く人の中で有能な人や突出した人は驚くほど弟や妹だった人が多い。一人っ子の多い時代によけいに目立つ。

それはお兄ちゃんやお姉ちゃんは必然的に弟や妹にたいして我慢を強いられてきて生きてきて我慢することに慣れているが、弟や妹は我慢せずにその時にやりたいことを押し通してきたからの結果である。だから兄を見てとか姉を見て育った、下の子が大成していることが多い。これは我儘になれのすすめではない。そうではなく、自分を押し殺し同調し友人を喜ばす事が、あなた本来のためにはマイナスになっていることがあることを知っておいてもらいたい。それでは明日から自分を通すように生きろという事ではない。そうではなく友人が多いのは良いことであるが、人に好かれる方向を選ぶのがあなたの基準であるのであれば、その基準を見直して自分のやりたいことを選ぶ時も入れて良いと思う。そして、誕生会に行かないことで離れる友人は、実はあなたの本当の友人ではないのである。本当の友人であればあなたの夢や成長を喜んでくれる。**玉石混交とあるが、玉（宝物）と石（どうでもよい存在）が混じっている時に玉を選ぶ能力も身に着けたいものである。**

貧乏人への提言

貧乏を活かせ

貧乏人ということは、あなたは失うものが無い存在ということだ。

あなたには失うものが無いから様々な事に挑戦できる。例えば、僕は少し旅行業で仕事をかじっていた時期があるが、旅行業界の人は宅配業やタクシーやバスの業界には行かない、飲食にも行かない。なぜならオーダーしていた立場で上にいる意識があるから使われる側に行くと仲間にカッコ悪いと思っているからだ。同じ旅行業で転勤してまだ人に言えるのが航空業界や外資系ホテルのマネージャークラスなら何とか元の仲間に言えると思っている。ところがあなたはお金が入る事が条件であれば人よりハードルは低い。つまり自動的に多くの事に挑戦する気概が中途半端半端な小金持ちより高い。そこは良い面であるので活かすべきである。あなたが変わらなくてはいけないのが失うものが無いはずなのに周りの人と同じような同調圧力の中で流されている。基本、あなたの生き方の何かが間違えていて貧乏になっている。そんなあなたが周りと静かに同調しながら物事を考えずに生きていて、そこから抜け出すことは難しい。

逆に金持ちになっている人は同調しない人が多い。

同調しないというのはむやみに何もかも反対するのではなく、ひとつひとつ意味を考えて同調してよいものは同調し、違うと思うものは同調しないもしくは修正して解釈している。

そのような行動ひとつひとつの斟酌があなたは足りないから貧乏になっている。少なくとも貧乏になっている人が全部そうだとは言わないがお金持ちは全員物事を考え斟酌している人で一人として意味のない同調をする人はいない。

貧乏人であることは**失うものが少ないので大きく自分を変えられる可能性が小金を持っている人より大きい。だから貧乏人は変われば大きく変わる事ができるという特権を持っている。人より新たな行動をするのに抵抗が少ないのを生かしてまずは、自分がやりたいことを１００項目書いてみよう。**そして時間を置いてそれを削り、３日で50まで落とそう。さらに１週間で20まで落とし込んで、残った項目の中に意外と関連する内容は無いかを見てみよう。

「一人暮らしをする」と「ギターを弾く」と「自分で料理ができるようになる」は全部まとめる事ができる。防音室とキッチンでコンロが２口以上の家を探せば良い。魚焼き器などもあるかもしれない。このようにまとめていくとその中で次の自分の行動予定が見えてくる。ただの箇条書きが自分の新たな行動指針となっていく。

そしてあなたは貧乏な故、他の人が嫌がるガードマンや清掃などの仕事も抵抗が少ない。そうなると目的に向かって進むのが小金持ちの人より早く動けて夢の実現も意外に早く進む。積極的な貧乏人になるのである。同時に考え方も積極的な方に舵を切る。

あなたは流されて同調するのが当たり前になっていたはずなので、一気に反対する必要はないが行動する都度、自分の意思と合致しているか自問自答するだけでよい。

故郷納税のように、自分の意思で税金を住んでいる街でなく地元に払うということをするだけでも進歩である。

行動の中に意思がでてくるようになると気がつくとあなたはもう貧乏で負け組意識持っていた人とは別人になっているはずである。

お金持ちへの提言

生きたお金の活用法とは

日本のタンス預金は総額50兆円ととんでもない金額になっている。

お金は持っていると安心するが、それは自己満足でしかすぎず、どのように使うかでそのお金が生きてくる。

英語の勉強で単語ばかり勉強して単語力があるが英語ができない人と似ている。たくさんあると将来の可能性はあるが、可能性だけにしかすぎない。実際にこのタンス預金は使われずにかつ、日の目を見ずに消えていくことが多い。

２０１９年度より「10年間取引がなく、金融機関からの通知が届かなかった場合、その口座は休眠預金として取り扱われ、預金保険機構に移管されます。移管された資金は民間の公益活動のために利用されます」となっている。つまりあなたはお金を貯めるために生きてきて、そこで満足して何もせずにこの世を去る。それは実はとても意味の無い行動である。実はこれも同調圧力の一つである。使う事より貯める事に価値観があるような流れが日本にはある。そして周りがそうだから自分の価値観も疑うことなくその方向に流される。小さな家に住む老婆が亡くなったあとに何億もの資産が見つかることなど日常茶飯事であるこの日本は変わっている。東北の震災で家が流された時に海に現金がたくさん浮いているのをダイバーが見て驚いたという話さえある。

単語を覚えるだけでなく英語は使わないと意味がない。同じくお金はどのように使うかが重要で、いくら貯めたかではひとつも世に影響力を及ぼしていない。

では次なるステップとして、同じ使うお金も、使いようによっては死に金にもなるし生きた金にもなる。友人の漫画家が、今まで貧乏だったのに突然数億のお金が入った結果、時計にはまり時計コレクターとなった。このような使い方は消費活動という立派な世の中にお金を還流させる行為ではあるが、そのお金がさらに広がるかというとそれまでである。そこにはストーリーの理念も無い。消費行動に理念が必要かと問われると必要はないのであるが、同じ消費行動でも特定の商品を買うことで市場価格を吊り上げて再販するという事もストーリーがあればできるし、理念があれば特定の商品を応援して株式買付なども含めて企業サポートするなどの事も考えられる。

何もしないことで、タンス預金をする事が、世の流れに同調していくことで流れていく行動と親和性があり、それをする人も同じ人である。だから、生きた金を使うにはその金に命を吹き込むためにストーリーや理念を流し込むことが、あなたの可愛いお金さんに命を注いであげることになる。命をそそいであげたお金は消費だけで終わらずにその後も別の価値や、さらに別方向に育ちいつか還流してきたり、自分には返ってこなくても他人の役にたったりする事がある。

その動きを見守るだけでも、あなたの人生には意味が出てくる。

生きた金を使おう。

固定概念を打破した先の同調圧力コントロール方法

人は固定概念の生き物だ。それを同調圧力というシステムで縛り付けることで仲間意識を育てている。その固定概念というのは常識や古来よりのしきたりに従っていると思って、固定概念について肯定的にとらえている人も少なくない。**ところが固定概念というのは実は人が人為的に作り出したり、もしくはある時代に特定の考え方が広がり習慣化するようなあいまいなものであったりすることをまずは知っておこう。固定概念は固定では無いのである。**

例えば、バレンタインデーにチョコを配るという行事は戦前には無かった。ところが昭和10年に神戸のモロゾフ製菓が、外国人向け英字新聞『ザ・ジャパン・アドバタイザー』で、「あなたのバレンタインにチョコレートを贈りましょう」という広告コピーを掲載したのが、バレンタインチョコの始まりなのだと言われている。その仕組がちょうど日本人のそれも女子が男子に告白できるチャンスとばかりに広がった。僕が推測するところ、西洋からオープンな文化が流れてきて女子は告白できないという同調圧力を何か別の同調圧力で習慣を変えられたらいという意識が思春期の女子には潜在的に芽生えている中で、一気に変えるのは抵抗があるけど特定の日だけでも告白できる仕組みがあればと思っている中でモロゾフの仕掛けが一気に広がったと思われる。

その広がりを歓迎する女子の気持ちが「皆もやろうよ」として広がって「やっていない人は乗り遅れる」になり「やっていないと好きな男子をとられる」に変わり「やらないと思春期女子ではない」となり、その同調を今度は男子に伝播して「バレンタインデーにチョコを貰えるような男性を目指す」となって、もらう方与える方の緊張感がセレモニーとして広く定着したと思う。

そして時が流れ、１９７０年代以後、２月14日は女子がお気に入りの男子にチョコを渡して、気持ちを伝える事ができる日となった。逆に付き合っている限りは女子が男子にチョコを渡さないのはなんだか気まずいと同調圧力もここで生まれるようになった。固定概念が生まれ、好きな人には渡さないと気まずいという同調圧力までの一連の流れである。

このような新しい習慣だけでなく、生活の中にも固定概念は多い。女子はお料理ができないといけない、などの当たり前だと思っている事も、女の子の幸せは早く結婚して子どもを作る事という富国強兵の固定概念からの同調圧力としてそのまま継続されている。

そもそも食事は3食と決められているのも、それが人の生活リズムに合うからと先生方は言うが実は違う、1日3食の習慣が一般的に広まり始めたのは、照明用の菜種油が普及したことで1日の活動時間が長くなったことがきっかけであった。

明治時代以降は、人々が時計に合わせて行動するようになったことから、1日3食の習慣が定着した。だから**朝食、昼食、夕食となっているのも固定概念にすぎない**。夕食が一日で一番しっかりしたものを食べるというのですら固定概念である。スペインや南米などのラテンの国では昼食に2時間以上かける。夕食は逆に質素である。このように自分達が当たり前だと思っている事が固定概念に縛られていることが多い。かつて長男であれば家を継ぐのが当然で親の仕事を継承するのが親から生まれた義務のような固定概念が長く続いた。それすら時代が変わり人は自由に仕事を選ぶようになり固定概念がようやく変わってきた。それでも僕が大学・大学院時代を過ごしてきた京都では生まれてきた時から実家の家業を継ぐのが宿命であるような人がたくさんいた。固定概念には時代や場所によっても違うものである。固定概念をコントロールする方法はシンプルである。**「俯瞰の目を養い、固定概念ではないか疑え。そしてそこに付随する同調圧力は何かを知る」につきる。**

例えば、「結婚は本当に必要なものなのか」などでも良い。結婚をしなくてはいけないとうのは何故なのか。それは人間のＤＮＡに刷り込まれた種の保存による強い生物の生きる力が結婚となっているのではないか。子どもが生まれる事を前提として結婚するのであれば子どもが生まれ、種の保存ができたら結婚しなくても良いのではないか。もちろん結婚しないと体裁が悪いとか子どもが可哀想だとかといった同調圧力が同時に発生する。

固定概念と同調圧力はセットになっている。そのセットまで考えた上で自分はどの方向に行くかを考えるようにすれば自分が見えてくる。ここでは固定概念を知るだけでは不十分で流れにある同調圧力まで考えるのが必須である。

別の例を出すと、女子の気持ちで考えると「死んだら何故旦那の一族の墓に入らないといけないのか」固定概念としては結婚したら女子は男性の戸籍に入り、男性の名字を名乗る。そして亡くなったら自分の親と同じ墓でなく、赤の他人であった旦那の一族の墓に入ることになる。そしてそれは嫁に行くということの当然である固定概念になっている。自分は実はわけのわからない宗教の戒名という名前で死後名前を変えたくない。まずは固定概念を見てから自分の気持ちを分析する。そして同調圧力は存在するのか見ると、もちろんのように嫁ぎ先の墓に入らないと嫁としては失格のような圧力が存在するのも見える。当の旦那ですら俺に恥をかかすのかと同調圧力を醸し出す。

そこまで分析したら、自分がやりたいことを優先するのかそれでも同調せざるを得ないのか、いずれを選んだにしても判断の主体があなたであり、あなたが自分をコントロールできるようになっている。

このような重いテーマだけでなく、例えば遠足で自分はバスが苦手である。だから行きたくない。と言うような人は、ここも分析してみる。まずは固定概念として「遠足が学校の行事であるから参加すべき」同調圧力としては「遠足に行かないと、その後の学園生活で遠足の話題についていけず、『何だ、あいつは』となるから行かないとはみ出す」。

その分析が終わったら、参加する参加しないと2択だけでなく、自分はバスに乗りたくないだけだから目的地まで電車で行って途中で合流することを交渉しよう。という素敵な解決方法が見えてくる。その提案の結果、認められなくて結果行かなくても自分がわかるだけでも大きな進化である。もしかしたら学校が話をして先生の一人がバスの苦手な他の人も誘って、電車で行くチームを作ってくれるかもしれない。それはそうなったで、固定概念を打破した先の同調圧力コントロール方法なのである。

固定概念は実は固定ではないということを知り、そこに潜む同調圧力を見破り自分なりの決断を下そう。

第5章

さらなる進化で対抗しろ！

さらなる進化
言葉の認識法や捉え方術

「夕食を食べてください」と言われたとしよう。

その場合、その言葉には沢山の意味が隠されている。「夕食の時間だから夕食を食べて健康を維持してください」かもしれないし「私が愛情持って作った料理を食べて、私の愛情を感じて、私を大事にして家庭も円満にして」かもしれないし、場合によっては「早く食べてくれないと片付けができなくて私の時間が減る」かもしれない。このように言葉というのは伝える手段として１００パーセント自分の意思を伝える伝達ツールではないのである。

同じ言葉でも発信側と受信側とは別の意味で受け取ることが多い、よく知られているのは関西で「アホちゃう」と言うのは悪口ではない。単なる合いの手であり、つなぎの言葉である。

これを関東の人に言うと重く受け止めて傷つかれる。

逆に「バカじゃない」と関東の人が言うのは厳しい意味ではないが関西人に「バカじゃない」を言うと侮辱されたとなって喧嘩になる。同じ言葉ですら発信側と受信側でこんなにも受け取り方が違う。

本来人の数だけ言語の捉え方は違っているものである。それなのに裁判などで言った言わないでもめている。言った言わないでもめるには全員が単語や文章の意味を同じようにとらえる事が前提でないと成り立たない。

だからこの世で皆が「○○と言ったからこうである」というのは本来、その言葉の定義や捉え方を統一しないと成り立たない。まずはこの事実を知るべきである。

あなたが使っている言葉や意味が本来は絶対的でなく相対的なものなのである。

それを知ると、言葉の認識術や捉え方術というのがどれほど大事な事なのかが見えてくる。

「甘い」という言葉だけでも人の感じ方は違うのである。「辛い」においても、「寒い」においても違う。だから「寒いからドアを締めて」も人によっては寒くないので開けていいのではとなる。　言葉は絶対的なものでなく相対的なものであるから、実はその意味のすり合わせが本来は意思疎通の前には必要となってくる。

言葉が絶対的な伝達方法でないのであれば、法律や人の生活のすべてが成り立たなくなる。全ての根源が変わってくるとショックを受けられるかもしれないが。実は、そこを埋めていくのが言葉の認識方であり捉え方術なのである。

それは、実はトレーニングで身につくものである。一番簡単な方法は翻訳することである。翻訳というのは訳し方が様々出てくる。場面によっては「ＦＵＣＫ」という言葉が、「こん畜生」にもなるし「負けたよ」にもなるし、「あきらめたよ」にもなるし、「やられた」とも訳す。その翻訳においては全体の映像とストーリーの構成から自然と相応しい言葉が出てくる。だから翻訳家は言葉を訳すのではなく、適切な最大限に受け入れられる言葉を選択するのである。

翻訳家の中から素晴らしい作家が生まれるのはこのような素地があるからである。

法律家も似ている。六法全書の中に入っている法律を「解釈」という名前でこの言葉と文章の意味はどうかを、前例を見ながら紐解いていき解決の方向につなげる。

実は人類のあり方は、このように「言葉の認識法や捉え方術」をマスターするものが世の中を動かしている事実がある。政治家しかりである。立法府と法律家とは表裏一体であるので言葉の定義付けに人生をかけている感もある。憲法9条の会社と自衛隊の存在についての解釈などの議論は半世紀も続いている。

それでは法律家・政治家でもない、翻訳家でもないあなたはこのような「言葉の認識法や捉え方術」をいかに成長させ成熟させることができるかである。

それは、前述に自分を見つめなおすには「日記を書く」と良いと話したが、自分の日記に対して後述で「解釈」を入れるのである。

自分の書いた文書を一番理解しているのは自分である。その自分がこの文書の言いたいことはこうであると入れる事はとても良いトレーニングである。それも一年以上前の忘れた頃の文章を選ぶとなお良い。その頃の気持ちと今の気持ちが少し変わっている可能性があるし、昔の文を読むと「私こんな事考えていたのだ」と驚くこともある。それを今の自分が解釈するのは何よりも感受性や言葉の認識法の成熟させる大きな力となる。

この日記の後述の良いところは、今のあなたに力や勇気を与えてくれる何かのきっかけを過去の自分がくれることが少なくない。

時間を置いている事から、当時の自分がどのような同調圧力に流されていたのかを俯瞰で見つめ直す事もできるのである。そうすると、もし自分が今も何か別の同調圧力に流されているのに気がついていなかったとしても過去を見ることで今の自分が流されている事に気がつくことが少なくない。

つまり「**過去は変えることができないが過去は未来を変える力を持っている**」このすばらしい事実に気がつく。

さらなる進化

発想能力を伸ばせ

ニュートンはりんごが木から落ちるのを見て万有引力の法則を思いついた。そこまで発想が飛躍できるのは天才ではあるが、発想というのは可能性が無限に広がる。生き物は経験値で得た事をベースに物事を進めて行く。動物や生物は経験値以外の事はできないし、しない。それが種の保存につながるからである。ところが例外な生き物がある。それが「人」である。

人には経験しなかった事を想像し類推する発想能力がある。行ったことの無い宇宙の果てを想像し、経験しなかったはるかな過去を想像し、今後起こりうる出来事について想像することができる。つまり**人という固有に与えられ霊長類の天賦は、発想能力ということをまず知るとともに、この発送能力こそが経験していないことすら乗り越えることができる力であるので、さらなる進化には必須の事である。**

発想能力と言うのは後に出てくるシミュレーション能力のような「現実では経験していない出来事を想定する力」ではなく、「関連性の少ないものから、全く新たな物事や使い方を編み出す力」である。

前述にあった、「一眼レフカメラのレンズが高いのでアイスクリームの蓋をサイズが同じなので活用する」のような、普段の生活では同調してしまって気が付かない事をひらめく力でさえある。　ここには「カメラの蓋はメーカーが作るものである」という同調から抜け出したところで発想している。

例えば洗濯機は洗濯するもの、冷蔵庫は食料を冷やすもの、タッパは食料を保存するもの等、一般の生活の中にも多くの常識とか自然と同調を促す理解がある。それを当たり前な事だとして抜け出せずにいると発想は広がらない。

タクシー業界がコロナ下で需要が溢れかえった物流に対して人を運ばない間は荷物を運ぶとして生き返った。これがタクシーは人しか運ばないという一般的な常識からくる同調にとらわれていると気が付かなかったことである。発想力の面白いところはこのようなところである。

実はこの発想力こが日本人が多民族よりかなり突出しているところである。幕末の頃、犬猿の仲であった薩摩と長州を「この2藩が手を組めば幕府を倒せるかもしれない」などと思いついて動いた坂本龍馬しかりである。今でこそ歴史の本を読んでその通りだと思うかもしれないが、当時の状況でこれをするのは現代で言うならば、香港と台湾が手を組めば中国を倒せるかもぐらいの誰も思いつかない発想なのである。

イグノーベル賞というノーベル賞のパロディで作られた賞では日本人が毎年のように優勝している。犬の翻訳機バウリンガルなども珠玉である。新たな発想はその人の人生だけでなく、生活環境や地域、国ですら一変させるぐらいの力を持つ。それには邪魔をするのが同調させようとする見えない力である。発想能力は「固定疑念にとらわれない、固定概念から引きずられる同調圧力にとらわれない、新たなものを生み出す力」である。

実は、この能力を伸ばすには2つの方法がある。マイナス法とプラス法である。

マイナス法というのは、いつも使っていたものを使わない方法。

例えば、あなたが右手を怪我すると、必然的に右手で字がかけなくなる。そこで工夫しなくては乗り切れなくなり左手で字を書いたり、録音してそれを口述筆記したり色々工夫しなくはいけなくなる。通常当たり前に使っているものをマイナスすることで、どうしても発想力を使って乗り切らなくてはならなくなる。これは良いトレーニングになる。怪我をして復帰した選手が以前よりも力を発揮するようになるのはこの発想力で別の力を引き出すからである。

プラス法とは普段使っていたものに何かを加えてそれで同じ事をしてみる。

例えば、お料理を作る時にチャーハンを混ぜるのにスコップを使ってみるなどである。スコップが土をいじるものとか固定概念である。お箸やスプーンなどよりよほどかき混ぜ易いのではないかと考えてみる。

お金持ちの家系より貧乏の家系の方がどの時代も偉人が出やすい。何故か。それは貧乏人は圧倒的に数が多いから絶対数が違うからと思う人もいるが否である。貧乏人の方が無いものが多いために、その分工夫するからマイナス方で発想力が養われ、お金持ちよりも新たな物を産む力にすぐれているからである。

発想力は人類だけでなくあなた自身を発展させる。

さらなる進化
シミュレーション能力を伸ばせ

自分が経験したことのない未来への予想についての能力がほとんどの人には足りない。そして、試行錯誤という失敗を繰り広げる。どうしても、過去に経験したことからしか想像を広げることができないでいる。

本来は過去に経験していないことを想像する能力が人類には備わっているのでそれを活用できないでいる。

我々は１００年も生きないのだから人生の無駄遣いをしている時間はないはずなのに。

先に述べている発想能力と似ていて違うのが、シミュレーション力というものだ。**新たな発想をするのではなく、「過去の経験値の中から適切な未来を予想する事」なので、わずかな時間しか生きない我々には必須の能力である。**このシミュレーション能力がないから未来に対してどのように進むべきか判断できなくなる。従って自然同調することが最大の自己を守る手段だということになってしまう。ところがシミュレーション能力を得る事であなたは自分自身の過去だけでなく未来を手に入れることができるようになる。未来を手に入れるということは、大勢に流されない自分がいるということになる。

それではシミュレーション能力とはどのように開発していくかについて話をしよう。

「もしも人に羽があって空を飛べたらどんな商品が流行るでしょう」。

これはシミュレーション能力講座で出す課題の一つだ。

シミュレーションとは、**「与えられた最大限の条件下で想定できる出来事のストーリー化」**である。この能力は現代社会を生きてい中で最も今求められていて、政府・会社・友人関係・恋人関係・イベント運営・大規模災害などの様々な場面で必要とされている力で、色んな事に失敗する人に足りない能力である。言葉を言い換えると「過去の経験値を未来の経験値に置き換える作業」である。

それではこの課題に対して良くある一般的な解決策は何かというと、それはブレーンストーミングというやり方になる。考えられる様々な事を箇条書きにして、そしてその後にグループ分けしながら最適な答えを導くというやり方である。このやり方ではなかなか答えは見つからない。それは方向性が定まっていないないからだ。特にシミュレーションというのは過去の経験値をベースにしているから方向性をつけてあげることで分析しやすくなる。本来はその方向性に添って、適切な道順を作ることで未来を見つけていく。そうしないと時間がかかりすぎる。

何度も言うがあなたは１００年も生きない。無駄な時間はないのである。

それではどのようにするかについてお伝えしよう

例えば、「人に羽があれば」については、どの目線でシミュレーションをするかという方向性をつけるやり方で紐解いてみよう。

ここでは物事をどの角度から見ればいいかの選択肢を複数設定するのが大切になる。まず、最初に考えてみるのが**「時系列で日常の流れを追っていくと、どうなるか」**だ。

まず、羽があるとどのような事が不便か、便利か、不要なものは何か、必要なものが何かを想像していく。天気予報の重要さは増すというのもわかるし、もしかしたら玄関が2階になるかもしれないなども想像に難くない。飛んでいる時に目に虫が飛んできたらとんでもなく危険だという事にも気がつくようになる。そうするとゴーグルが必要なのではと思いつく。これがシミュレーションの基礎である。

人は危険なことや楽しい事に気が付きやすい。そうなると今度は「どんなリスクがあるのだろう」ということに思いをはせてもよい。

先程の虫が目に入る以外にも、電線は危険であるということに気がつく。雷のリスクも考えなくてはいけない。靴やカバンが落ちないようにするのも必要な事である。

身近な所で時系列やリスクを考えた後は、**「ルールの整備が必要」**ということに気がつく。車が左側通行であるのであればぶつかりそうになったらどちらに避けるかは決めておく必要がある。右左だけでなく上下のルールも必要であるだろう。遠くから合図を送る方法は手信号ならどうで、他には方法がないのかも含めて考える必要がある。

そこまで考えたら次に生活レベルで目線を変えてみると、「何かスポーツが新たに生まれるのではないか」とか、「どのようなファッションが流行りやすいのか」なども考えやすい。

便利なことや不便なことを考えるのも、重要である。少なくとも農薬散布のような作業ができたり、魚群を目視で確認できたりもするだろう。

でも、逆に個人のプライバシーが侵害される可能性が出てくる。空き巣は増えるだろうし、覗き見被害も絶えなくなるだろう。これは犯罪目線で考えるとそうなる。

さらには、子どもや女性や老人、ひいては身障者の目線などの個々の立場に振り返り考えていくようにすると全体像が見えてくる。

細かくシミュレーションしていく中で実際にそうなった時のイメージの精度がどんどん高くなってくる。

経験していない事を経験値のごとく理解することが人類に与えられた能力の大きな部分である。

動物は経験値でしか動けない。霊長類の長である人類は、経験していないことを想像できるという能力を得た。

この唯一無二の人類ならではの能力は本来、最も伸ばすべき部分であり、伸びしろが無限大にあるところである。

なぜ同調圧力がはびこるかは、この考える部分を他人に任せるからなのである。このクリエイティブな能力を伸ばす事で、長時間かけないと想像できないことを瞬時に判断できるようなる。

同調するということの根源には、自分では判断できないから流れに身を任せて考える事を放棄するという作業をすることになる。

自ら創造できる自分を作ると未来の時間軸は無限に広がる。

さらなる進化

俯《ふ》瞰《かん》能力を伸ばせ

人前で話すことが増えてきた、最初はかなり上がったが、途中から上がらなくなった。それは、「人はそれほど自分を見ているわけでなく記憶にとどめているのではない」という事実に気がついてから。

何事も当事者過ぎると物事が見えなくて実力を出せない。**俯瞰でいようというのは、その方が客観的に物事を見られるからだけではない。「俯瞰の目で動いた方が実力を発揮できる」という事に気がついて欲しい。**

例えば、サッカーのゴールキーパーを一度やってみるとわかるが、どこに打たれても入りそうな気がする。サッカーゴールの大きさに比べて人間の手が届く範囲なんて少ししかないので絶望的な気持ちになる。ところがシュートする側に立つとどこに打っても止められそうな錯覚に陥る。この場合は、キーパーにしろ、シュートを打つ方にしろ、どちらにも可能性があるのだから俯瞰で見たほうが勝つのである。

俯瞰とは何か「あなたを次元の違う第三者として見つめることができるか」そしてそれはサッカーであればフィールド全体を真上から見つめるような事ができるかである。

当事者では見えない事が多い、サッカーの試合をテレビで見ていて、逆サイドが空いているのに何故パスを回さないのだとやきもきする時は、フィールドに立っている人は当事者過ぎて見えていないのである。

この俯瞰の目は様々な活用ができる。

例えば、あなたがいじめにあって自殺しかけているとしよう。あなたの中では先生も助けてくれない。親も気がついてくれない。人生は学校しかないのに行くといじめられる。八方塞がりで選択肢はこの世からサヨナラする事を選ぼうとしていている。でも俯瞰の目で見れば、あなたが通う学校でおきていることなら、単純に引っ越しすれば良いだけである。死ぬことを考えれば簡単な事ではないか。家では多くの人に迷惑かけるだけなくあなたが犯罪に合う確率があるので、それも俯瞰の目でよい選択肢ではないと気がつく。場合によってはそっと格闘技教室に行くという選択肢もある。

僕は8歳で日本に帰国した時には日本語ができずにいじめにあった。でも海外の多くの国で暮らした事で多少は俯瞰の目を持っていた。当時はいじめるやつが5人組だった。そして僕は目標を持った。日本語をまず覚えよう、そして喧嘩を強くなることでスクールのカーストを上げていこうと。そして空手、剣道などで段をとっていくうちに一人ずつやっつけて気がつけば日本語も習得して全く問題の無いスクール生活を過ごした。

いじめていた5人も一人一人は弱い存在で同調しているだけであったのもわかり、逆に殴り合った事で友だちにもなった。

俯瞰は自分を助ける。今、多くの人が自分の立ち位置を考えていない。流されるままに同調している。それはどうしてか、**俯瞰の目を持っていないから自分が今どこにいるかわからないからである。**

自分が見えなくなる人が多い。例えば思春期であれば自分が、可愛くない、背が低いのでもてるわけがないなどと思い出すとその負の考え方から抜け出せない。大人になっても、国がやっていることだから正しいと思い込む習性が一般人には多い。国も弁護士も大学の先生も間違う事がある。尊敬する先輩も間違う事がある。俯瞰の反意語として近視眼的と言う言葉がある。近くを見るだけですむほうが、情報量が少なくてすむ。遠くを俯瞰でも見るということは実は情報が多いので情報処理能力が高くないと俯瞰が成立しない。

ここが重要なのである。

「俯瞰の目を持つための条件としては今より高い情報処理能力を持たないといけない」よって、「俯瞰の目を持つには、意識を俯瞰の位置に置くようにするだけではだめ」で、あなたの情報処理能力を同時に高める必要がある。

知識は力なのである。だからサッカーで言えば、自分のポジションでないすべてのポジションの必要な動きを知ること、監督とかコーチは何をしてラインズマンはどうしているか、審判はどうして判断するかを知りようやくフィールドが広く見えてくる。

コロナワクチンにおいても賛成、反対派と様々いるが俯瞰の目で見るには双方の主張を聞くこと。それに加えて、ワクチンとは何かを知る事。そしてコロナ以外のパンデミックは無かったかを知る事や各国の取り組みなどを見ることで俯瞰の目が広がる。そしてそれはあなたを成長させるし、同調圧力に流されない熟考できるあなたを育てる。

いったん俯瞰の目で見えるようになると良い事は、二度と近い目線には戻らないということ。少し寂しい事は進化する故に、同じ近視眼の仲間が減るということ。

例えば、鳥の世界では人口（鳥口？）が一番多い雀の世界は木の高さから地面までを見つめている。生きている世界は狭い。でも仲間はたくさんいる。その上がカラスは少し少なくはなるが木の上まで縄張りにしていて雀より広い範囲を生きている。その上はトンビで1キロ四方一羽しか住めない。その上は鷹である。10キロ四方一羽しかいない。でもどの生き方がいいかと言うと鷹が鳥類の頂点である。そこを目指したい。だが上に行くほど孤独になるものである。あなたは知識を得て自分で判断できるようになると同調の枠から外れていくそして自分を持ち俯瞰の目をもち孤独になる。それでもそれは気高い孤独なので「孤高」と言う。

生まれてきたからには孤高たれ。

君の可能性

無限であることを知れ

わずか十数年前にはスマホが存在しなかったし、皆がマニュアルを見ながら機械の使い方を見ていた。それが今や、マニュアルなどなしで皆がスマホを触り、スマホで意思表示をやり送金しスケジュール管理する。僕自身も本を書くのは下原稿や調査や取材は先にスマホでやってからパソコンで仕上げる。実は想像やシミュレーションの範囲を人の可能性はすでに凌駕している。

人類には常に大きな試練が与えられる。

神戸の震災、東北の震災や世界中のコロナ。それでも近視眼的に見れば大きな試練はとても、甚大な被害を与えているが長期的に見れば、その試練のあとは以前より発展することが多い。

東京が空前の発展を遂げたのは、大空襲で更地となった街が都市計画を進めやすかったという別の見方も出てくる。

今回のコロナによる人類未曾有の大災害も、反面、あれほど変わらなかったＦＡＸやハンコの文化などの遅れがデジタルに進化し、テレワークが進み、オンライン会議は未曾有の進化を遂げている。どうして、進化するのかはわかりやすい。何かがある度に、「人の価値観が変わるからである」。つまり、人には進化を止めている固定概念や同調圧力が多く存在する。

どうしても、人は変化を避ける傾向にある。だから変化を望まない方向へと動きやすい。天災などの力でやむ終えなく変化を受け入れた時には進化するのは固定概念や同調圧力が吹っ飛ぶからである。

これを考えると、あなたの進む道が見えてくる。それは**「変化を受け入れる体質に変わる事」である。それを受け入れる事で可能性が無限に広がる。そのためには待つ姿勢であればそれは間違いで。どのような無限の可能性も待つことでは訪れない。まずはいつも見ている普通の景色をただ、心の無い目で見つめているだけではないだろうか。可能性が生きた目で見ること、**

活性化した脳で考えることから始まる。

生かされている人生と生きている人生とでは大きく違う。

例えば、昨日食べたランチすら思い出せないのが生かされている人生。昨日のランチを思い出して、今度はどこに行けばいいかなと考えられるのが生きている人生なのである。

無限の可能性を享受しようではないか。

まとめ

　書いていく中で、人とはいかに自分で自分の限界を作って自分という殻の中で居場所を作ることをしていく生き物であるかがわかった。そして「皆もそうしているから君もそうしろ」的な意見に流されやすいというのも見える。何故そうなるのか。それは自分は前面に出たく無いし目立ちたくも無いけど、影響力を行使したいという身勝手な論理がそれぞれの心の中にいる。責任は取りたくないが、責任は取らせたいのである。そしてこのやり方に味をしめると様々な応用で、お隣さんに文句を言う時も「皆がそう言っている」と置き換えるようになる。そしてお互いがお互いを縛り合う事により窮屈な社会構造に陥るようになる。書いているうちに、同調圧力というのは決して全面的に悪ではなく、その手法を使わざるを得ない場面も多々ある事に気が付く。弱者にとって同調圧力は一つの意思決定の手段であり、否定するものでは無く肯定するものでも無く、それは手段としてその良い部分と悪い部分を理解しコントロールすることの大切さに気がついた。ここは重要な所で、同調圧力が悪であるかのごとく書かれているのは違う。同調圧力は一つの手法として捉えるべきであり、選択肢の一つに置いておける知的なセンスが欲しい。

同時に、同調圧力が存在するにはある一定の固定概念が育っていないと成立しない。つまり固定概念との大きな関わりがあることがわかった。固定概念には自然発生的にゴミは捨てなければならないような倫理的なものもあれば、赤信号は止まれのような人為的に作られ世界の固定概念となったようなものまで千差万別、玉石混交なのである。どの人がどの立場にいるかによって同調圧力との接し方が変わる。

4章では各論の部分を掘り下げてみた。例えば、成功者に必要な項目、落語者に必要な項目などである。立場によって分けたのは自分と対極のグループについても学べるようになっている。対極のグループの心情も推し量れる人物になってもらいたいしそうなるべきである。

最後に5章に、もうひとつ上の段階に進む意識を持っている方のために、今以上の自分をどのようにしていけば良いかを提言している。それぞれの手法はとても深い内容なので、本来はそれぞれが1冊以上の本にしても良いほどの濃いものである。そして今後の人類の進化には欠かせない能力となる部分である。おそらく今のホモ・サピエンス種が次なる進化を果たすには欠かせない能力であるとまで言って良いだろうと言っても過言ではない。

読者の皆さんには、自己進化をできるようになってもらいたくてこの本をしたためた。

是非、僕の心を受けて止めて欲しい。

高橋フィデル

同調圧力 負けそうになったら読む本

2023年3月21日　初刷発行

著　者　高橋 フィデル
編集人　宮﨑 博
編　集　秋葉 杏
発行人　高橋 フィデル

発行所　JAPAN VISITORS BUREAU（株式会社ジェイブ）
〒206-0002　東京都多摩市一ノ宮1丁目7-4
SKY ガーデンコート聖蹟1号練
TEL：042-401-8666　FAX：042-401-8008
http://www.jvb.co.jp
　ISBN978-4-908166-29-7